L'Endométriose

Dans la même collection :

L'Alimentation santé, Sylvie Rose Audemard
L'Extrait de pépins de pamplemousse, Charlotte Raut
La Ménopause, Dr Georges Bader
Rhumes, otites, rhino-pharyngites chez l'enfant, Hélène Ferran

ISBN : 978-2-73391-470 0

355, rue de la Montagne Noire
31750 Escalquens
www.grancher.com
grancher@piktos.fr

Mes conseils *naturo*

L'Endométriose

Mieux connaitre la maladie pour mieux la combattre
Des compléments alimentaires pour atténuer les symptômes
Des conseils pour mieux vivre sa sexualité
et booster sa fertilité

Aurélie Gaulard

Grancher

INTRODUCTION

Ce livre, j'ai décidé de l'écrire tout d'abord parce que je suis moi-même touchée par l'endométriose ; ensuite parce qu'en tant que naturopathe je souhaite partager avec vous mon expérience professionnelle ; et aussi pour que cette pathologie soit davantage connue et reconnue du grand public, de la médecine, des institutions publiques et des thérapeutes en général.

Ce livre a pour objectif de communiquer sur le fait qu'une douleur ne doit pas être passée sous silence même si celle-ci est entrée dans les « mœurs » ! NON, souffrir lorsqu'on a ses règles n'est pas normal ! Les femmes restent des années en souffrance avant que l'endométriose ne soit diagnostiquée ! Comment cela est-il possible à notre époque alors que cette pathologie touche une femme sur dix en âge de procréer en France et dans le monde, ce qui représente 14 millions de femmes concernées en Europe !

Or, plus vite la maladie est détectée, plus tôt les patientes sont prises en charge et moins la maladie s'étend. Je souhaite donc briser ce silence et j'espère qu'après la lecture de ce livre, vous aussi, vous en parlerez autour de vous. L'information et la communication sont essentielles.

L'approche naturopathique de l'endométriose, que je présente dans ce livre, vous propose une autre approche, complémentaire aux traitements allopathiques, pour améliorer votre qualité de vie par des moyens simples, naturels et spécifiques à l'endométriose tels que la nutrition, l'hygiène de vie, les plantes, l'aromathérapie. Je vous donne aussi des outils qui vous aideront à gérer la douleur physique et parfois morale de cette maladie.

Je cite dans cet ouvrage des produits (aliments et compléments alimentaires) à titre d'information et non de publicité. Je ne suis en aucun cas rémunérée par les marques/laboratoires pour les mentionner.

Toutes mes recommandations nutritionnelles, en phytothérapie et sur les compléments alimentaires ne sont en aucun cas des prescriptions mais simplement des informations. Il revient à la lectrice de consulter son médecin pour vérifier si son état de santé est compatible avec les conseils donnés dans cet ouvrage, et les éventuelles contre-indications ou interactions avec son traitement.

CHAPITRE 1

QU'EST-CE QUE L'ENDOMÉTRIOSE ?

L'endométriose est une maladie complexe, exclusivement féminine, mal connue, caractérisée par la présence hors de l'utérus de cellules qui normalement tapissent la muqueuse utérine (endomètre). Les douleurs ont pour origine des lésions composées de cellules aux caractéristiques identiques à celles de l'endomètre qui peuvent ainsi toucher différents organes.

C'est une maladie gynécologique répandue : 10 % des femmes en âge d'avoir des enfants dans le monde en sont atteintes. Sa découverte est assez ancienne (1860) mais, malgré les efforts d'associations telles qu'EndoFrance et une médiatisation récente (Endomarch, Endogirl...), elle reste méconnue. Elle a en effet été longtemps sous-estimée, puisqu'associée aux douleurs des règles, mais est pourtant présente chez 40 % des femmes souffrant de douleurs pelviennes... effectivement pendant la période des règles.

La moitié des infertilités seraient liées à l'endométriose. Plusieurs études montrent des liens épidémiologiques entre endométriose et fausses couches et un certain nombre de complications liées à la grossesse.

On observe également que certaines lésions endométriosiques sont retrouvées sur les membranes fœtales (poche qui entoure le fœtus), ce qui a pour conséquence des accouchements prématurés, des problèmes au cours de la grossesse…

Malheureusement, l'endométriose est mal diagnostiquée et les patientes mettent souvent des années – sept ans en moyenne – à obtenir ce diagnostic. Elle est habituellement découverte lors de recherches sur ses conséquences, l'infertilité (30 % à 40 % des femmes atteintes d'endométriose sont infertiles), et/ou des douleurs anormalement intenses dans le bas-ventre. Dans un grand nombre de cas, elle est asymptomatique et est alors décelée par hasard, par exemple au moment d'une intervention par laparoscopie dans l'abdomen.

MIEUX CONNAITRE LA MALADIE POUR MIEUX LA COMBATTRE

L'appareil génital féminin est notamment formé d'un vagin et d'un utérus qui se poursuit de chaque côté par deux trompes, menant chacune à un ovaire. À chaque cycle menstruel, l'endomètre (couche qui tapisse l'intérieur de la cavité utérine) réagit aux hormones ovariennes. Les œstrogènes lui permettent de se développer, tandis que la progestérone sert à aider à l'implantation de l'œuf en cas de fécondation. Si aucune grossesse ne survient, la paroi superficielle de l'endomètre, inutile, se décompose et saigne : ce sont les règles.

Dès lors, le sang et les cellules endométriales doivent s'écouler naturellement.

On constate que pour 90 % des femmes, il se produit un reflux. Une partie du sang et des cellules endométriales passe alors entre les trompes et les ovaires pour retomber dans le bas-ventre puis est éliminée.

Dans le cas de l'endométriose, cette élimination ne s'effectue pas. En effet, la maladie entraîne le déplacement de ces cellules en dehors de l'utérus, les voies naturelles ne sont pas respectées et il n'y a plus d'issue pour évacuer les saignements.

On observe alors, dans certains cas, la formation de kystes, de quelques millimètres jusqu'à 10 cm de diamètre, de sang et de cellules endométriales stagnantes, d'adhérences reliant des organes entre eux de manière anormale, ainsi que de tissus cicatriciels. Cet ensemble entraîne les douleurs ressenties dans l'abdomen du fait de l'irritation des organes avoisinants et du péritoine (la membrane qui renferme les organes de l'abdomen).

On peut alors trouver des cellules de l'endomètre fixées dans de nombreuses parties du corps : logiquement proches de la paroi utérine comme les trompes de Fallope, les ovaires, le vagin, le rectum, mais aussi sur la vessie et les intestins. Elles peuvent également se retrouver à des endroits très éloignés comme les poumons, les bras ou les cuisses. Comme une sorte d'endomètre déporté, elles réagissent en fonction des fluctuations hormonales et entraînent une réaction inflammatoire, source de douleurs, notamment au moment des règles.

L'endométriose, à ses différents stades, génère des cicatrices, conséquences des lésions. Dès lors, ces lésions, comme les nodules formés par l'accumulation de cicatrices, entraînent des douleurs, en particulier à proximité des nerfs.

Cette pathologie très complexe a des formes et des manifestations différentes d'une femme à une autre. Les chercheurs travaillent toujours sur la compréhension des mécanismes conduisant à l'endométriose car ils demeurent inconnus. Plusieurs pistes d'exploration prometteuses sont actuellement à l'étude. Je vous les présenterai dans la partie sur les facteurs de risque.

Il est donc nécessaire d'individualiser la prise en charge de la maladie, car il y a presque autant de formes d'endométriose que de femmes touchées par cette pathologie.

LES DIFFÉRENTS STADES DE LA MALADIE

Les premiers travaux de médecine sur l'endométriose remontent à 1690. Puis il a fallu attendre 1860 pour que le Dr Rokitansky publie une observation histologique de la maladie. En 1923, un chirurgien, John Sampson, utilise enfin le terme d'endométriose pour établir son diagnostic.

Kistner en 1960 puis Da Costa en 1973 ont proposé des classifications de l'endométriose mais toutes deux ont été rejetées et remplacées par la classification de l'AFS *(American Fertility Society)* en 1979.

Le système de score de l'AFS fut révisé en 1985 pour utiliser le terme rAFS *(Revised American Fertility Society)*. Cette réforme avait pour objet la prise en compte de nouvelles notions telles que le nombre de lésions ovariennes, la distinction entre lésions ovariennes superficielles et profondes, la reconnaissance des cas d'endométriose minime ou encore la création de la catégorie des endométrioses tubaires. En 1996, l'AFS devint l'ASRM (pour *American Society of Reproductive*

Medicine) mais vous continuerez d'entendre les médecins parler de score rAFS.

La médecine, en fonction de l'extension, la localisation des lésions (le péritoine, les trompes, les ovaires, le cul-de-sac de Douglas) tant en quantité qu'en profondeur, leur adhérence, attribue des points qui aboutissent à un score global. En fonction de ce score, l'endométriose est classée en quatre stades :

- **stade I** ou minime pour les scores de 1 à 5 : implants isolés sans adhérence ;
- **stade II** ou léger pour les scores de 6 à 15 : implants superficiels de moins de 5 cm sur le péritoine et les ovaires sans adhérence ;
- **stade III** ou modéré pour les scores de 16 à 42 : multiples implants, superficiels et invasifs et adhérences paratubaires et périovariennes ;
- **stade IV** ou sévère pour les scores supérieurs à 42 : multiples implants, superficiels et invasifs, dont des endométriomes (des adhérences importantes).

Après avoir fait les différents examens qui ont permis de diagnostiquer votre endométriose, il vous a donc été attribué un stade entre I et IV. Néanmoins, un score et un stade peuvent correspondre à des lésions très différentes. La médecine reconnaît donc les limites de cette classification : système de graduation trop large, difficultés possibles sur l'observation des lésions dépendant du chirurgien, diversité des lésions, variation du score attribué selon la méthode chirurgicale utilisée, fluctuations du score en fonction du cycle menstruel (variation hormonale...).

En conclusion, ce stade a surtout un intérêt descriptif pour connaître l'ampleur des lésions car l'intensité de la douleur n'est pas toujours révélatrice de l'étendue de la pathologie et, en ce qui concerne la fertilité, il n'a qu'une valeur relative car peu prédictive. De nombreux spécialistes admettent que ce score n'est pas assez fiable pour prédire le pronostic clinique ni indiquer le meilleur traitement de la douleur ou de l'infertilité.

À ce jour, il n'y a cependant pas d'autre classification du stade de la pathologie. De nouveaux systèmes continuent d'être étudiés[1] mais il est regrettable qu'à ce jour aucune classification ne prenne en compte le caractère évolutif de la maladie ou n'établisse un protocole sur la gestion de la douleur et de l'infertilité.

LES SYMPTÔMES

Les symptômes peuvent être multiples et liés à la localisation de la maladie, chroniques ou périodiques, ou totalement absents (dans les formes asymptomatiques). Leur intensité n'est pas révélatrice de la gravité des lésions.

Le symptôme le plus courant de l'endométriose (retrouvé chez 50 à 91 % des femmes selon les études) est la douleur : règles douloureuses (dysménorrhée), douleurs pendant les rapports sexuels (dyspareunie), douleurs pelviennes fréquentes, défécation douloureuse, difficulté pour uriner (dysurie), douleurs lombaires, abdominales (ombilicales...), douleurs pelviennes ou lombaires pouvant irradier jusque dans la jambe (cruralgie)...

1. Une classification française a été proposée, la classification FOATI. Elle s'intéressait surtout au caractère inflammatoire de l'endométriose. Cette approche prenant peu en compte l'analyse biologique des lésions mais plutôt l'aspect observationnel de la maladie, elle n'a pas été retenue.

La douleur liée à l'endométriose peut être continue ou ponctuelle, en fonction de la localisation des lésions et des adhérences. Liée au cycle, elle se manifeste souvent de manière plus aiguë au moment de l'ovulation ou des règles (c'est pourquoi le caractère cyclique est évocateur de la maladie). Les lésions sont en effet sensibles aux hormones féminines et se comportent comme du tissu utérin. Les lésions vont donc proliférer, saigner et laisser des cicatrices fibreuses à chaque cycle menstruel. Chez certaines patientes, une importante innervation des lésions pourrait contribuer aux douleurs extrêmes parfois ressenties. Cette douleur n'est pas une dysménorrhée primaire qui passe avec du paracétamol. Il s'agit bien souvent d'une douleur invalidante entraînant une incapacité totale ou partielle pendant quelques jours, voire, pour les cas les plus sévères, permanente, et nécessitant le recours à des antalgiques puissants, voire morphiniques.

Certaines seront incapables de mener une vie normale, professionnelle, familiale et intime, que ce soit pour quelques jours ou durablement. D'autres seront dans l'impossibilité de faire un effort physique, que ce soit soulever son sac de courses ou tout simplement tenir debout. Pour d'autres encore, ce sera une douleur telle qu'elle provoquera des pertes de connaissance et des vomissements. Pour celles-ci, il sera impossible de rester longtemps dans la même position et en changer sera tout aussi douloureux que la conserver. Elles devront recourir à des médicaments antidouleur, comme les morphiniques, qui leur apporteront un répit, dès lors qu'elles n'y seront pas accoutumées, en échange d'effets secondaires redoutables.

Pour toutes, la pire des prisons, celle où l'esprit n'est plus que douleur dans un corps douloureux. Celle où on espère et redoute l'instant qui vient. Où on est prête à tout essayer, du remède miracle au gourou, pour échapper à la douleur.

Les autres symptômes les plus couramment relevés sont :

- douleurs abdominales et pelviennes ;
- crampes au moment des règles ;
- constipation due à des adhérences, ou diarrhée ;
- ballonnements ;
- douleurs lors des relations sexuelles ;
- problèmes urinaires : brûlure urinaire, sang dans les urines ;
- maux de dos : lombalgie, sciatique ou cruralgie (douleurs irradiant dans la jambe) ;
- fatigue chronique ;
- saignements vaginaux anormaux (métrorragie, rectorragie ou spotting), principalement prémenstruels ;
- infertilité : la maladie est souvent révélée à l'occasion d'un bilan de fertilité.

Toutefois, un petit pourcentage de la population concernée ne présente aucun symptôme visible, on la définit alors comme asymptomatique. Le diagnostic de la maladie se fait dans ce cas généralement dans le cadre d'un traitement de l'infertilité, qui est une des caractéristiques communes des malades (elle n'est pas irréversible).

Les théories relatives au lien entre infertilité et endométriose sont les suivantes :

- Une sorte de barrière se crée du fait de la multiplication des tissus non sollicités, y compris de kystes.
- Les caractéristiques hormonales et génétiques des patientes souffrant de la maladie sont possiblement incompatibles avec un utérus acceptant la fécondation.

Néanmoins, nous en sommes au stade de la théorie, aucune de celles-ci n'ayant été scientifiquement prouvée.

Les organes le plus souvent touchés en cas d'endométriose profonde sont les ovaires, les ligaments utéro-sacrés, le rectum, la vessie et le vagin. Plusieurs organes peuvent être touchés chez une même patiente. Dans certains cas, rares, on a même observé des lésions au niveau du poumon et du cerveau (deux cas diagnostiqués dont un générant des infarctus cérébraux), même si l'essentiel des lésions se concentre en général dans le bas-ventre.

PEUT-ON TROUVER UN SENS À CETTE MALADIE ?

Il est intéressant de citer l'analyse de la doctoresse Christiane Northrup, une gynécologue obstétricienne américaine auteure de nombreux ouvrages sur le corps féminin[2]. Elle fait un lien entre l'utérus qui serait le siège énergétique « des rêves de devenir auxquels la femme voudrait donner naissance », le bien-être corporel et le bien-être psychologique et émotionnel.

Elle accompagne les patientes souffrant d'endométriose dans leur recherche de pleine conscience, de ce qui les alimente dans leur épanouissement personnel. Elle les aide donc à sortir du conflit entre ce qu'elles pensent que le monde extérieur attend d'elles, et leur opinion d'elles-mêmes. L'endométriose traduirait alors le manque de confiance en soi ou, en tout cas, l'autocritique aiguë à laquelle se livrent beaucoup

2. *Women's Bodies, Women's Wisdom*, Christiane Northrup, Bantam, 2010.

de femmes. La maladie utérine serait là pour attirer l'attention sur la nécessité de prendre en charge ce conflit intérieur (conflit d'identité sexuelle, problème de fertilité avec puissant désir de grossesse).

Ainsi, il serait pertinent d'accompagner toute forme de traitement d'une prise en charge personnelle en vue d'accéder à un mieux-être.

On retrouve cette analyse chez Claudia Rainville, fondatrice de la métamédecine (médecine d'éveil de conscience) au Canada, qui souligne le lien psychologique récurrent[3] entre la présence de muqueuses extérieures à leur environnement et l'appréhension des patientes de l'arrivée d'un enfant, élément extérieur à l'harmonie de leur couple, ce dans un monde pas forcément accepté par elles.

Dans le même ordre d'idées, le cerveau joue inévitablement un rôle, puisqu'en lien avec les actions psychologiques ou hormonales. La présence de conflits entre le désir d'enfant et l'infertilité, les douleurs associées, la recherche de réalisation de l'identité féminine participent inévitablement chez la femme à une forte confusion avec sa possibilité de créer la vie.

LES FACTEURS DE RISQUE

L'endométriose est reconnue comme une maladie multifactorielle et polygénétique. Un certain nombre de facteurs de risques ont été isolés avec, dans certains cas, un faible niveau de preuves scientifiques. Néanmoins, certaines notions méritent d'être soulignées.

3. Vous trouverez en bibliographie à la fin du livre quelques références d'ouvrages de cette auteure dans lesquels elle évoque ces liens.

En préambule des facteurs de risques ou participant à l'origine probable, car encore mal connue, il est utile de mettre en lumière les similarités partagées par la plupart des patientes. Celles-ci cumulent généralement un système hormonal déséquilibré (en règle générale des valeurs d'œstrogènes élevées et un faible niveau de progestérone), un foie aux capacités réduites et, pour finir, une forte énergie emmagasinée dans le petit bassin.

Les facteurs génétiques

Des recherches menées à l'hôpital Cochin sur l'identification de marqueurs génétiques de l'endométriose ont montré que, dans certains cas sévères, des familles étaient atteintes par l'endométriose de génération en génération. Les chercheurs étudient alors la question du déterminisme génétique au sein de ces familles.

Alors que 90 % des femmes présentent des saignements rétrogrades, seulement 10 % développent des lésions d'endométriose. L'hypothèse principale faisant consensus en médecine demeure l'implantation de fragments d'endomètre ou de cellules pluripotentes lors du passage du sang dans les trompes de Fallope puis dans la cavité abdominale. Ce consensus apparaissant insuffisant, il est envisageable que les facteurs de risques aient donc un rôle important, en complément de probables facteurs génétiques.

Les recherches portant sur les aspects génétiques de la maladie conduites à l'hôpital Cochin ont démontré que trois gènes sur les quatre codant pour les récepteurs aux prostaglandines – des médiateurs chimiques de l'inflammation – sont 10 à 20 fois plus exprimés dans l'endomètre utérin de patientes atteintes d'endométriose que dans celui de femmes qui ne présentent pas la maladie. Ce taux est même multiplié par 40 dans les tissus endométriaux extraits de lésions.

Les travaux à l'origine de la recherche portaient sur la baisse de la fertilité. Ils sont poursuivis sur la base de différences possibles entre les femmes atteintes d'endométriose et les autres, d'un point de vue biologique et physiologique, avec par exemple la nature de la réserve ovarienne des femmes atteintes d'endométriose.

Les facteurs environnementaux

L'endométriose fait partie des maladies hormonodépendantes. Les lésions ont des récepteurs hormonaux et prolifèrent en présence d'œstrogènes. Les perturbateurs endocriniens sont donc de plus en plus mentionnés comme une des causes tout à fait sérieuses à l'endométriose.

On retrouve malheureusement ces perturbateurs un peu partout dans notre environnement : pesticides, contenants alimentaires en plastique, métaux lourds, consommation d'animaux nourris aux hormones, voire intoxiqués aux métaux lourds, une eau de plus en plus polluée avec ces mêmes hormones, matériaux plastiques et métaux lourds... Sans oublier tous ces cosmétiques que nous appliquons sur notre peau qui regorgent de produits toxiques, ou une prise excessive d'hormones, comme les pilules contraceptives et les traitements hormonaux.

Ces produits très utilisés depuis 50 ans sont également incriminés dans plusieurs autres pathologies hormonales car ils peuvent mimer les effets des hormones. S'il existe peu d'études sur le sujet, ces voies de recherche semblent tout à fait sérieuses. En raison de ces perturbateurs endocriniens, on assiste aussi à une baisse de la fertilité masculine et à une augmentation des tumeurs hormonodépendantes chez les femmes.

Les molécules dont on entend le plus parler sont le bisphénol A, le paraben, les phtalates, le distilbène, les dioxines mais il en existe beaucoup d'autres. Et la multiplicité des expositions à ces composés apporte une difficulté supplémentaire, c'est le cas du distilbène par exemple avec un effet in utero et transgénérationnel.

La complexité de l'impact de ces nombreux perturbateurs endocriniens sur le corps humain rend les recherches difficiles et beaucoup reste encore à faire pour comprendre leur réelle influence dans le développement de l'endométriose.

L'immunité

Par ailleurs, de plus en plus d'experts s'accordent à dire qu'il y aurait une connexion auto-immune, ce qui expliquerait pourquoi certaines femmes seraient touchées par l'endométriose et d'autres non.

On constate en effet statistiquement plus de lupus, polyarthrites rhumatoïdes, syndromes de Goujerot, hypothyroïdies, lymphomes non hodgkiniens, scléroses en plaques, asthme ou allergies chez ces patientes. On note aussi souvent chez les femmes atteintes d'endométriose des troubles primaires tels que des algies chroniques, des syndromes du côlon irritable, des fibromyalgies, des cystites interstitielles, des lithiases urétérales.

Néanmoins, même si la question d'un dysfonctionnement immunitaire chez certaines femmes qui les empêcherait d'éliminer correctement de leur abdomen ces cellules est clairement posée, il n'en demeure pas moins que sur les 90 % de femmes ayant des reflux menstruels réguliers, toutes n'ont pas pour autant une endométriose.

Le stress oxydatif

Une autre dimension de cette pathologie multifactorielle porte sur l'étude du stress oxydatif. En effet, notre système de détoxication permet de nous débarrasser des substances toxiques (les radicaux libres) que notre corps produit. Dans certains cas, comme dans l'endométriose, notre organisme peine à se nettoyer et les radicaux libres vont alors s'accumuler et causer des dégâts : c'est le stress oxydatif qui aura un effet pro-inflammatoire sur nos cellules.

Les hormones

D'une manière plus élargie, la production et la gestion des hormones sont d'importants facteurs de risque de la maladie.

En effet, celles-ci sont présentes un peu partout dans notre alimentation et la preuve est faite de leur impact sur les hommes (baisse de la fertilité) et les femmes (tumeurs hormonodépendantes). On les trouve dans :

- la contraception ;
- les traitements spécifiques aux hormones ;
- la viande (bétail européen malgré les contrôles, ou hors CEE ne répondant pas aux normes européennes) ;
- l'eau de boisson (du robinet mais aussi en bouteilles) ;
- les contenants et emballages (dérivés).

Les facteurs liés à l'âge

Même s'il existe un indéniable lien entre l'arrivée de la maladie et l'âge des patientes, la statistique est à relativiser compte tenu du fait que le diagnostic de la maladie est aléatoire dans le temps. On constate ainsi un fort diagnostic autour de 40 ans, âge où toutes les autres pistes de traitement de l'infertilité ont souvent été explorées, l'endométriose étant une des dernières (pour rappel, un délai moyen de sept ans est constaté entre l'apparition de la maladie et son diagnostic).

On a pu constater quelques cas de jeunes filles atteintes de la maladie, en particulier en cas de puberté précoce. À l'autre extrémité, il existe des cas de femmes atteintes de la maladie en ménopause, probablement liés à l'usage de traitements hormonaux à base d'œstrogènes artificiels.

En tout état de cause, tout milite pour un dépistage assez tôt dans la vie d'une jeune femme.

Les facteurs liés à la grossesse

On constate que la grossesse suspend les symptômes de la maladie. Cependant, il n'existe pas de démonstration quant à l'arrivée de la maladie suite à une grossesse.

La corpulence

La maladie est plus fréquente chez les femmes dont l'IMC est celui de la minceur ou proche de la maigreur (19/20) que chez les femmes d'une corpulence « normale » ou fortes. Cependant, aucun lien de cause à effet n'est démontré.

La circulation sanguine

Une autre hypothèse met en avant la migration des cellules de l'endomètre par la circulation sanguine. En effet, on retrouve parfois des cellules du tissu endométrial sur des organes ou tissus qui ne sont pas directement en lien avec l'utérus.

Il n'en demeure pas moins que l'hypothèse principale est liée à l'implantation de cellules utérines provenant de menstruations rétrogrades ou reflux menstruel. Au cours des règles, le sang remonte par les trompes de Fallope en transportant des fragments d'endomètre pour atteindre la cavité abdominale et y générer de nouveaux foyers d'endométriose.

Pourtant, comme nous avons pu le voir, si près de 90 % des femmes présentent des saignements rétrogrades, toutes ne souffrent pas d'endométriose, seules 10 % environ en développent une. Des facteurs de susceptibilité individuels (quantité de sang régurgité plus importante, endomètre anormal, environnement péritonéal altéré, déficit immunitaire, adhérence et angiogenèse augmentées) sont donc également à prendre en considération dans le développement de cette maladie.

Les femmes atteintes d'endométriose ont un risque accru de cancer (notamment des ovaires), de maladie auto-immune, d'asthme, de manifestations allergiques, de maladie cardiovasculaire.

LE DIAGNOSTIC

Le diagnostic de l'endométriose est complexe car la maladie revêt des formes très variées. Il y a souvent un retard dans ce diagnostic car les symptômes (essentiellement les douleurs pelviennes) sont peu spécifiques, chroniques et s'aggravent lentement.

L'interrogatoire complet de la patiente par le médecin – gynécologue ou généraliste – doit pouvoir orienter le diagnostic : douleurs pendant les règles, pendant les rapports sexuels, identification des localisations et leur cyclicité, leurs saignements, éventuels troubles digestifs, urinaires, douleurs à la marche… Cet interrogatoire amènera le médecin à prescrire différents examens (la liste présentée ci-dessous n'est pas exhaustive, votre médecin pourra vous prescrire d'autres examens s'il le juge nécessaire).

Depuis fin 2017, les recommandations pour l'aide au diagnostic ont changé et l'acte chirurgical n'est plus la référence pour identifier les lésions. L'image par résonance magnétique (IRM) et l'échographie sont maintenant des procédures standards. Cela a permis de réduire le temps consacré au diagnostic car il n'y a plus besoin d'opérer pour poser un prédiagnostic.

Les outils de diagnostic : examens radiologiques et chirurgicaux

L'IRM pelvienne et l'échographie transvaginale sont les deux examens importants à faire faire pour diagnostiquer une endométriose. Attention, il est essentiel que vous alliez dans un centre spécialisé, habitué à diagnostiquer cette pathologie, car elle peut ne pas être identifiée par un radiologue non formé à cette pathologie (demandez à votre gynécologue de vous fournir les coordonnées d'un centre de radiologie compétent).

- **Échographie :** une échographie endovaginale ou endopelvienne est un examen radiologique permettant de visualiser les organes internes et notamment le col de l'utérus. Cette échographie indolore est réalisée à l'aide d'une sonde que l'on introduit dans le vagin pour déceler d'éventuels kystes ovariens.
- **IRM :** cette technique d'imagerie par résonance magnétique va permettre d'isoler les tissus internes dits « mous ». L'étendue des lésions et/ou la présence de nodules ou kystes sera ainsi identifiée précisément.
- **Laparoscopie ou cœlioscopie :** cet examen chirurgical est une aide au diagnostic complémentaire de l'IRM. Elle consiste en l'introduction d'une petite caméra par le nombril

et d'éventuels instruments pour visualiser les lésions, effectuer une biopsie et/ou une intervention chirurgicale complexe.

▶ **Laparotomie ou laparotomie :** il s'agit d'une chirurgie invasive puisqu'elle consiste à ouvrir l'abdomen de façon horizontale ou verticale pour accéder à la cavité abdominale. Elle est toutefois de moins en moins utilisée et est remplacée par la cœlioscopie, moins invasive et traumatisante.

▶ **Hystérographie ou hystérosalpingographie :** cette technique d'imagerie utilise les rayons X pour visualiser les éventuelles malformations utérines, les adhérences, la perméabilité des trompes... Pour cela, un liquide opaque est introduit dans le col de l'utérus via une petite sonde.

▶ **Échographie endorectale :** examen radiologique permettant d'effectuer une échographie pelvienne à l'aide d'une sonde introduite dans le rectum afin de rechercher des lésions d'endométriose profonde de celui-ci.

▶ **Coloscanner à l'air, coloscopie virtuelle, uroscanner :** examen qui utilise la technique du scanner pour étudier le gros intestin ou côlon. Il consiste à créer une distension du côlon via de l'air ou du CO2 insufflé par une sonde rectale au début de l'examen. Il permet de diagnostiquer l'étendue des lésions dans les formes sévères d'endométriose profonde.

Afin de lutter contre le retard de diagnostic, il est fondamental de parler de cette pathologie, d'éduquer les femmes (en cas de règles sévères et douloureuses, sachez que la prévalence de la maladie est de 70 %), de renforcer les campagnes de sensibilisation (marche pour l'endométriose, mobilisation d'artistes, information dans les cabinets de gynécologie, de généralistes, de thérapeutes en médecine douce, communication dans la presse féminine...), que le ministère de la Santé organise des interventions en milieu scolaire via les infirmières pour informer les jeunes filles dès le collège…

Les actions possibles sont nombreuses et très faciles à mettre en place. Alors, osez en parler autour de vous. J'espère également que ce livre aidera à mieux faire connaître cette pathologie.

LE CAS PARTICULIER DE L'ADÉNOMYOSE

On définit l'adénomyose comme l'endométriose de l'utérus. Il s'agit d'une lésion bénigne du tissu endométrial au sein du myomètre. Elle peut être superficielle (épaississement jusqu'à 12 mm) ou profonde (douloureuse).

Il s'agit d'une forme clinique de l'endométriose dont les autres localisations sont dites externes parce qu'elles sont extérieures au corps utérin, qu'elles soient ovariennes, tubaires, pelviennes ou même cervico-vaginales.

L'adénomyose revêt deux formes :

- **diffuse** (superficielle ou profonde) : nombreux foyers disséminés sur l'ensemble du myomètre ;
- **focale :** un ou quelques foyers au sein du myomètre, on parle alors d'adénomyome (nodulaire ou kystique hémorragique).

11 à 13 % des femmes seraient touchées par l'adénomyose. Dans 25 % des cas, les femmes atteintes ont de 36 à 40 ans. Dans 6 à 20 % des cas, il existe une corrélation entre adénomyose et endométriose mais ce n'est pas systématique.

Les facteurs de risque

Ce sont les suivants :

▶ La **multiparité** représente le principal facteur de risque d'adénomyose, confirmant la difficulté de trouver un lien entre infertilité et adénomyose.

▶ Il existerait une **prédisposition génétique** à la maladie pouvant, dans certains cas, survenir de manière familiale.

▶ L'**adénomyose** est associée dans 69 à 79 % des cas à l'endométriose pelvienne symptomatique alors que cette dernière est observée dans seulement 6 à 20 % des cas d'adénomyose prédominante.

▶ Les **traumatismes ou antécédents de chirurgie gynécologique** (autres que césarienne) sont présents chez plus de 50 % des femmes ayant développé cette maladie.

▶ Il semble que les femmes ayant un **endomètre (muqueuse utérine) très développé** (hyperplasie endométriale) sont plus à risque.

Le tabac semble être un facteur protecteur de l'adénomyose. Il diminuerait la concentration plasmatique en œstrogène.

La contraception par stérilet au cuivre ou par pilule œstroprogéstative ne semble pas être un facteur de risque d'adénomyose.

Les symptômes

La difficulté de diagnostic est liée au fait que l'adénomyose est fréquemment asymptomatique. Néanmoins, on peut parfois observer les symptômes suivants :

- **ménorragies** (règles excessivement longues et abondantes) dans 50 % des cas dont l'existence n'est pas corrélée à la profondeur de l'atteinte adénomyosique ;
- **dysménorrhées** (règles douloureuses) dans 30 % des cas, corrélées à la profondeur de l'envahissement adénomyosique ;
- **métrorragies** (pertes de sang en dehors des règles) dans 20 % des cas.

En résumé, l'adénomyose superficielle (0,5 mm sous l'endomètre) s'exprime plutôt par des saignements utérins anormaux alors que l'adénomyose profonde entraîne des symptômes douloureux avec des congestions pelviennes et parfois des douleurs pendant les rapports sexuels (dyspareunie).

Adénomyose et infertilité

L'adénomyose est considérée comme une cause potentielle d'infertilité par un effet inflammatoire qui pourrait empêcher l'implantation de l'embryon. Le risque de fausse couche chez la femme porteuse d'une adénomyose serait multiplié par deux.

Le traitement allopathique

Les traitements proposés sont comparables à ceux de l'endométriose. En l'absence de désir de grossesse, le traitement proposé par la médecine consistera à soulager les ménorragies en empêchant la stimulation hormonale du tissu endométrial.

Néanmoins, actuellement, aucun traitement ne fait disparaître l'adénomyose.

CHAPITRE 2

LE TRAITEMENT ALLOPATHIQUE

Comme nous l'avons vu, l'endométriose est une maladie hormonodépendante, son développement ou sa régression est donc lié aux œstrogènes qui seront plus ou moins libérés.

La prise en charge de cette pathologie reste compliquée car il y a autant de formes d'endométriose que de femmes qui en souffrent. Les traitements proposés par la médecine n'ont pas été mis au point spécifiquement pour l'endométriose mais ont été adaptés à cette maladie pour atteindre les effets souhaités, c'est-à-dire bloquer ou ralentir les menstruations pour provoquer une ménopause artificielle.

Les traitements que la médecine allopathique propose (voir ci-dessous) ne permettent ni l'arrêt ni la régression de la maladie. Des femmes voient parfois leur endométriose croître malgré ces traitements ou flamber à leur arrêt. Elles peuvent également souffrir de leurs effets secondaires. Il est donc indispensable de bien étudier les avantages et les inconvénients de chaque traitement et d'en discuter avec votre médecin pour trouver le plus adapté pour vous si vous devez absolument y recourir.

TRAITEMENTS À BASE DE CONTRACEPTIFS

DIU hormonal (type stérilet Miréna)

Le dispositif intra-utérin (DIU) est recommandé aux femmes qui souffrent d'endométriose car le progestatif (Lévonorgestre) va diminuer la durée et l'abondance des règles et, par conséquent, les douleurs et autres symptômes associés.

Pilule contraceptive

La pilule contraceptive prise en continu (sans la semaine habituelle d'interruption) soulage la douleur chez un certain nombre de femmes, prévient les carences en œstrogènes et fournit un moyen de contraception, tout en étant généralement bien tolérée. Les hormones relâchées par la pilule bloquent l'ovulation et empêchent la libération, par l'hypophyse, d'hormones stimulantes pour les ovaires.

Progestatif : acétate de médroxyprogestérone (Depo-Provera®)

Un progestatif est injecté dans la fesse tous les trois mois afin d'inhiber l'ovulation et les menstruations dans le but de réduire fortement les douleurs, voire de les supprimer.

AUTRES TRAITEMENTS

GnRH + add back therapy (Lupron®, Zoladex®, Synarel®)

Les traitements à base de GnRH ont pour but de stopper la sécrétion d'œstrogènes et de progestérone par les ovaires. L'objectif est de mettre la femme en ménopause artificielle. L'endomètre n'évolue plus et les ovulations n'ont plus lieu. Ceci permet généralement de bloquer l'évolution de l'endométriose, voire de la faire régresser.

Sachez que les traitements par GnRH (antagonistes et agonistes) ont des effets secondaires proches de la ménopause : bouffées de chaleur, perte de la densité osseuse, sécheresse de la peau... Les médecins recommandent de le prendre sur une durée limitée et de l'associer à ce que l'on appelle l'add back therapy, qui consiste à administrer un peu d'œstrogènes de manière très ciblée pour éviter un changement trop brutal pour l'organisme.

Ce traitement est donc très controversé, je vous recommande de bien en parler avec votre médecin avant de le démarrer.

Danazol (Cyclomen®)

Ce médicament provoque une ménopause artificielle en bloquant la sécrétion d'œstrogènes par les ovaires.

Comme pour les autres traitements, le principe est le même : soulager les douleurs en arrêtant les menstruations. Ce traitement est administré généralement pendant une durée de six à neuf mois. Les effets bénéfiques demeurent en moyenne pendant six mois après l'arrêt du traitement.

La ménopause artificielle générée par la prise de ces médicaments est réversible : à l'arrêt du traitement, les cycles peuvent reprendre, même si cela peut prendre un peu de temps. Leur inconvénient, c'est qu'après leur arrêt, les règles reviennent et l'endométriose réapparaît plus ou moins rapidement (jusqu'à cinq ans de répit).

LA CHIRURGIE

Dans certains cas, la chirurgie sera le recours le plus approprié en fonction de l'étendue des lésions. Les symptômes douloureux pourront disparaître totalement mais pas toujours.

Dans le cas de petites lésions disséminées, il sera difficile d'intervenir pour toutes les éliminer.

La médecine permet aujourd'hui d'intervenir en chirurgie dite « conservatrice » lorsque la femme souhaite avoir des enfants, pour accroître la fertilité ou lorsque les traitements œstrogéniques ne fonctionnent pas. L'objectif de cette chirurgie est de conserver l'utérus et les ovaires et de retirer les tissus cicatriciels, les cellules endométriales ayant migré à l'extérieur de l'utérus et les éventuelles adhérences. Une laparoscopie peut être envisagée si l'étendue des lésions est limitée.

Si l'endométriose est un peu plus étendue, le chirurgien peut faire une incision plus large au bas-ventre.

Malheureusement, dans certains cas extrêmes de dernier recours, l'ablation de l'utérus et des ovaires sera nécessaire (on appelle cela une hystérectomie), afin d'empêcher toute stimulation hormonale. Cette chirurgie est dite radicale car elle cause une stérilité définitive et une ménopause.

CHAPITRE 3

L'APPROCHE NATUROPATHIQUE

Les techniques que je propose viennent toujours en complément d'un suivi médical et gynécologique et ne les remplacent en aucun cas.

L'approche naturopathique développée ici est le fruit de cinq ans de travaux et de recherches sur cette pathologie. Étant moi-même touchée par l'endométriose, j'ai souhaité partager mes connaissances avec toutes les femmes qui en souffrent afin de leur faire part des méthodes naturelles efficaces d'accompagnement pour les aider à soulager leurs maux et mieux vivre au quotidien.

En expérimentant des méthodes simples d'hygiène de vie, vous constaterez que votre bien-être quotidien sera nettement amélioré dès les premiers mois de mise en place.

La naturopathie est une approche holistique, ce qui implique un travail sur plusieurs plans de votre être.

Le premier pilier est l'alimentation. Il est absolument essentiel et fondamental de la revoir, ce qui va vous demander quelques mois car vous devez inscrire un réel changement dans votre vie au quotidien afin de mettre en place une alimentation hypotoxique, c'est-à-dire de supprimer tous les aliments encrassants, nous verrons comment.

Le deuxième pilier est l'exercice physique. Mettez votre corps en mouvement dans le but de faciliter la détox et le brassage des humeurs et de redonner de la vie dans la zone du petit bassin.

La gestion des émotions et du stress est le troisième pilier. En effet, le distress (ou stress négatif) est très nocif pour notre santé. Il est générateur d'oxydation, d'acidité... Le stress sous toutes ses formes augmente l'inflammation et donc la douleur. Celle-ci, dans le cas de l'endométriose, est un élément très stressant pour le corps. Il est important d'apprendre à mieux la gérer. Pour cela, des exercices de relaxation et de respiration peuvent grandement vous aider.

PRÉAMBULE : DÉPOLLUER SON ORGANISME

Dépolluer son organisme, cela commence par la réduction de la toxicité que vous lui apportez chaque jour.

L'organe principal chargé de la détoxication de votre organisme est le foie. Sa principale fonction est d'accélérer l'oxydation des xénobiotiques (molécules chimiques polluantes et parfois toxiques : pesticides, médicaments, antibiotiques...). Ces substances, solubles dans l'eau, sont évacuées par les intestins via la bile et par les reins via les urines.

La première source d'intoxication se fait par l'alimentation. Il va donc falloir privilégier une alimentation hypotoxique, frugale et de qualité.

Les principes de base de la détoxication alimentaire

- Commencez votre journée par **un verre d'eau tiède avec quelques gouttes de citron frais**.
- **Si votre foie est fragile,** vous devez manquer d'enzymes digestives. Vous les trouverez dans tous les légumes lacto-fermentés, dans les graines germées, dans le kéfir de fruits...
- **Si vous souffrez de ballonnements ou de lourdeur après les repas,** prenez un verre de kombucha, boisson lacto-fermentée légèrement pétillante à base de thé noir/thé vert fermenté avec du SCOBY (Symbiotic Colony Of Bacteria and Yeasts), colonie symbiotique de bactéries et de levures, riches en nutriments. Cette boisson contribue à maintenir les bactéries intestinales saines et aide le corps à assimiler les aliments plus facilement tout en produisant rapidement de l'énergie.
- **Renforcez votre barrière intestinale pour vous protéger des substances toxiques** en consommant des aliments protecteurs de votre microbiote, riches en fructane : oignon, asperge, poireaux, pissenlit, salsifis, ail, banane...
- **Levez le pied sur les aliments sucrés et gras** qui surchargent votre foie.
- **Privilégiez les sucres de qualité, naturels** si vous ne pouvez pas vous en passer (sucre de canne 100 %, sirop d'agave, sucre de coco, sucre de bouleau...). Le foie est

l'organe le plus enclin à devenir insulino-résistant, ce qui facilite l'attrait pour le sucre, d'où la production d'insuline proportionnelle. L'excès d'insuline est le meilleur moyen de transformer le glucose en gras et de ne pas pouvoir s'en débarrasser.

▶ **Privilégiez les acides gras polyinsaturés et saturés de qualité.** Choisissez toujours des huiles végétales de première pression à froid et conservez vos huiles au réfrigérateur, à l'abri de la lumière et de la chaleur. Consommez des huiles contenant des acides gras essentiels, les oméga-3. Vous les trouverez dans l'huile de colza, l'huile de noix, l'huile de lin, les noix, les amandes, les avocats… Pour les lipides d'origine animale, privilégiez les filières des animaux élevés en plein air, nourris sainement… Et pour les poissons, privilégiez les petits poissons des mers froides, moins polluées (sardines, maquereaux…).

▶ **Consommez des protéines de sources diverses :** végétales (bio ou issues de l'agriculture raisonnée) et animales de qualité. Vous pouvez associer des céréales complètes et des légumineuses ou des oléagineux au cours du même repas, vous aurez ainsi une chaîne de protéine végétale complète. Par exemple : pois chiches + purée de sésame + blé complet + citron. Je vous conseille de faire germer les graines4 et les légumineuses car cela accroît leurs propriétés nutritionnelles et leur effet détoxifiant pour le foie. Vous pouvez aussi consommer de la spiruline, des graines de chia, des graines de chanvre, du quinoa, du sarrasin…

▶ **Consommez des aliments alcalinisants.** Évitez le jus d'oranges le matin, les laitages (surtout de vache), la

4. Si vous ne savez pas comment faire, voir l'ouvrage de Belda Sisso, *Les Graines germées, saveurs et vertus* (Éditions Grancher, 2009).

viande rouge, les céréales riches en gluten (seigle, avoine, blé et orge). Privilégiez les fruits et légumes alcalinisants (voir pages 49 et 50). Les céréales à base de gluten et les laitages sont en effet pro-inflammatoires, en particulier de l'intestin, et sont à l'origine de la majorité des allergies et intolérances alimentaires qui mettent votre foie à rude épreuve.

▶ **Essayez d'accompagner un plat froid d'une boisson chaude pour faciliter la digestion :** thé vert, citron pressé chaud, tisane, chicorée.

▶ **Quelques aliments amis de votre foie :** la betterave crue râpée, l'artichaut, le radis noir, le thé vert, le citron, l'huile d'olive extra-vierge...

▶ **Consommez des fruits et légumes bio ou issus de l'agriculture raisonnée** pour diminuer votre intoxication aux pesticides. Certes, les pesticides ont contaminé les sols et les nappes phréatiques mais leur concentration reste nettement moindre dans les produits biologiques.

▶ **Privilégiez les légumes de la famille des Brassicacées, substances soufrées,** tels que le chou, le brocoli, le navet, les radis, le cresson, le raifort... qui vont stimuler les enzymes de la détoxication et favoriser la production de bile et donc l'évacuation des toxines via les intestins.

▶ **Consommez des aliments antioxydants** pour favoriser l'élimination des radicaux libres produits par la détoxication. Vous les trouverez principalement dans les fruits rouges mais aussi dans les concombres, endives : ils stimuleront l'évacuation des toxines par les urines.

▶ **Surveillez votre transit !** En effet, votre microbiote et votre paroi intestinale seront d'autant plus résistants et efficaces si vous allez à la selle une à deux fois par jour. Si votre transit est ralenti, prenez deux cuillères à café de psyllium blond dans un grand verre d'eau et buvez rapidement. Faites cela après le repas du midi et si besoin du soir dans le cas où votre transit ne s'améliorerait pas.

▶ **Pas de grignotage** afin de mettre votre système digestif au repos entre les repas.

▶ **Mangez en conscience !** Prenez le temps de déguster votre repas afin de laisser le temps à votre hormone de la satiété (la leptine) d'être activée et de ressentir son effet (environ 20 minutes). Cela vous permettra de moins manger et donc de ne pas trop surcharger votre foie.

Comment accompagner la détoxication avec les plantes

Nous nous intéresserons ici particulièrement aux plantes dépuratives et protectrices du foie. Le **chrysantellum** *(Chrisantellum americanum)*, le **romarin**, le **chardon-marie**, le **desmodium**, l'**artichaut** et la **fumeterre** sont particulièrement recommandés.

Je privilégie le plus possible l'utilisation des tisanes car les principes actifs hydrosolubles véhiculés par l'eau sont plus facilement absorbés par le corps qu'en gélules. Vous favoriserez également l'élimination des toxines en sollicitant votre système rénal.

Vous pouvez faire vous-même vos mélanges de plantes.

Préparez une infusion de 10 grammes (deux cuillères à soupe) de plantes pour 0,75 l d'eau et buvez deux tasses à jeun le matin et le soir au coucher.

Vous pourrez trouver également dans une herboristerie des mélanges à base des plantes citées ci-dessus.

LA SÈVE DE BOULEAU

La sève de bouleau est très intéressante pour détoxifier et drainer l'organisme. Elle offre en plus tous les minéraux et oligo-éléments dont nous avons besoin pour retrouver forme et vitalité : le silicium organique, le calcium et le phosphore sont des reminéralisants extraordinaires ; les oligo-éléments tels que le magnésium et le lithium rééquilibrent l'humeur et redonnent joie de vivre ; le potassium améliore le fonctionnement du système cardiovasculaire ; la vitamine C et le sélénium participent à la lutte contre le stress oxydatif. La sève de bouleau améliorera votre état général : les os, le cœur, la mémoire, le surpoids, les articulations, la peau... bref... tout.

La cure de sève de bouleau, très facile à réaliser, est à faire plutôt au printemps car il faut consommer de la sève de bouleau fraîchement récoltée (vous la trouverez en magasin bio). Comptez une cure de trois semaines, à raison d'un verre par jour le matin à jeun pour en retirer tous les bénéfices. Conservez la bouteille au réfrigérateur une fois ouverte pour en conserver tous les bienfaits et éviter qu'elle fermente.

Quelques contre-indications sont à souligner pour les personnes souffrant de problèmes rénaux, les personnes allergiques aux dérivés salicylés, les femmes enceintes et allaitantes et les personnes sous chimiothérapie. Parlez-en à votre médecin traitant si vous souffrez de ces pathologies, seul un professionnel de santé saura vous apporter les réponses adéquates.

Détoxication environnementale de l'organisme

La dépollution de l'organisme ne passe pas que par l'alimentation. En effet, si on peut espérer éliminer certains produits, d'autres malheureusement resteront bloqués. L'exemple des PCB, qui sont retrouvés dans les graisses corporelles des ours polaires qui n'ingurgitent pourtant pas de substances issues de la chimie plastique industrielle, pose question. On les retrouve principalement dans les industries telles que l'agriculture (pesticides), plasturgie et pétrochimie (PCB, dioxine, bisphénol A, phtalates, PFOA), et dans les produits d'hygiène et cosmétiques.

FRUITS ET LÉGUMES : AVEC OU SANS LA PEAU ?

Consommer la peau des fruits et légumes vous permettra de bénéficier d'une meilleure qualité nutritionnelle (vitamines et minéraux) mais pour cela vous devez impérativement les laver – surtout s'ils ne sont pas issus de l'agriculture biologique –, cela n'enlèvera pas les pesticides mais réduira leur quantité. Ajoutez du vinaigre blanc ou du bicarbonate de soude à votre eau de rinçage et frottez vos aliments avec une brosse à légumes.

Le risque est lié aux perturbateurs endocriniens qui miment l'action des œstrogènes. En effet, ces perturbateurs vont stimuler le développement des cellules de l'endomètre. Il est donc important de limiter leur contact avec eux en cas d'endométriose. Un certain nombre de règles de base sont à respecter si vous souhaitez ne plus ingurgiter de substances chimiques nocives pour votre organisme :

▶ **Les phtalates, bisphénol A, PFOA et les PFNA :** ces substances sont retrouvées dans les poêles antiadhésives lorsque celles-ci sont rayées, donc n'hésitez pas à les jeter quand vous voyez apparaître une rayure. Évitez également d'utiliser les emballages alimentaires lorsque vous réchauffez votre plat (boîtes de pizza, contenant plastique des plats à emporter, fast-food...). Attention donc à l'usage du micro-ondes ! Si vous devez l'utiliser, je vous recommande de réchauffer vos aliments dans un récipient en verre afin d'éviter tout contact de vos aliments avec des matériaux en plastique, papier ou carton... Évitez aussi l'usage des films en plastique pour stocker les aliments. Attention aux gobelets en plastique dans les machines à café, si vous le pouvez, emportez votre tasse. Attention également à ne pas trop consommer de sodas dans des canettes métalliques et préférez les bocaux en verre aux conserves métalliques. Pour repérer les contenants comportant des bisphénols ou des phtalates, il vous suffit de regarder le petit symbole en forme de triangle avec un cycle de recyclage aux flèches tournantes. Les chiffres « 3 », « 6 », « 7 » indiquent la présence de bisphénol et phtalate. En revanche, les chiffres « 1 », « 2 », « 4 » et « 5 » sont plus sûrs.

▶ **Évitez également d'utiliser le booster de vos plaques à induction** qui a tendance à altérer la qualité de votre poêle par décollement des couches successives des métaux à l'intérieur du fond de la poêle. Votre poêle deviendra poreuse et les substances nocives remonteront à la surface.

▶ **Limitez l'utilisation des produits toxiques dans votre jardin** ou sur vos plantes type insecticides, herbicides ainsi que les produits ménagers. Vous pouvez vous contaminer simplement en les utilisant à cause de leurs substances volatiles. Utilisez des produits qui respectent la nature et sa biodiversité.

▶ Beaucoup de substances nocives ont tendance à se mêler à la **poussière** : pensez à aérer tous les jours et à faire le ménage régulièrement.

PALMARÈS DES FRUITS ET LÉGUMES LES PLUS ET LES MOINS TRAITÉS

Tous les fruits et légumes ne sont pas traités de la même façon aux pesticides. L'*Environmental Working Group* (EWG), une ONG environnementale de Washington DC, publie chaque année la liste des 47 fruits et légumes les plus traités.

L'association PAnEurope *(Pesticide Action Network Europe)*, fondée sur les données de l'Autorité européenne de sécurité sanitaire, publie une liste des 18 fruits et légumes les plus pollués.

▶ Fruits les plus traités

Fraises, pommes, nectarines, myrtilles, pêches, cerises, poires, raisin

▶ Légumes les plus traités

Céleri, carottes, épinards, tomates, poivrons, tomates cerises, concombres, chou frisé, laitue, poireaux, piments, pommes de terre

▶ Fruits et légumes les moins traités

La liste ci-dessous, établie par l'EWG, présente les fruits et légumes les moins contaminés par les pesticides. Ils ne présenteraient pas de traces de pesticides ou très peu.

Ananas, asperges, aubergines, avocat, brocoli, champignons, chou, chou-fleur, maïs doux, oignons, mangue, papaye, kiwi, pamplemousse, melon, patates douces, pastèque

Ces listes sont revues tous les ans, n'hésitez pas à les consulter sur Internet.

Si vous ne consommez pas exclusivement des fruits et légumes bio, regardez bien ces listes car la conclusion faite par l'EWG montre qu'une personne qui consomme les 12 fruits et légumes les plus contaminés ingurgiterait en moyenne 10 pesticides par jour, alors que manger les 15 fruits et légumes les moins contaminés l'exposerait à moins de deux pesticides par jour en moyenne.

Le régime anticandida albicans

La question de la candidose se pose lorsque vous avez une endométriose. Dans de nombreux cas, j'ai pu constater que mes clientes en souffraient.

La candidose est un déséquilibre intestinal dû à la prolifération de la levure *candida albicans* qui est naturellement présente dans votre microbiote et y vit en symbiose jusqu'à ce qu'un élément vienne la perturber.

Les symptômes sont variés et il n'est pas toujours facile de les attribuer à la seule candidose : troubles digestifs, fatigue chronique, allergies, troubles alimentaires (envies de sucre), problèmes gynécologiques, troubles du sommeil et de l'humeur, douleurs articulaires... Pour cela, parlez-en à votre médecin qui peut vous prescrire des examens complémentaires (prise de sang, analyse de selles...) pour affiner le diagnostic.

Une fois le diagnostic posé, la naturopathie peut vous aider à nettoyer votre organisme et à rééquilibrer votre flore intestinale.

L'alimentation préconisée reprend les principes de base de l'alimentation hypotoxique mais la clé de la réussite consiste surtout à réduire fortement, voire supprimer, tous les sucres rapides (fruits, gâteaux...) et lents (céréales : riz, pâtes, pain...) pendant trois semaines. Comme le *candida albicans* se nourrit de sucre, en le sevrant de son carburant, vous facilitez le nettoyage de votre organisme.

Pour avoir essayé de nombreuses cures contre la candidose, de loin la plus efficace sur une candidose bien installée est la cure antiparasitaire du **Dr Clark** car elle a un très large spectre d'action : elle permet d'éliminer plus de

100 types de parasites. Cette cure, très complète et très efficace, dure 18 jours.

Les trois plantes qui ont été sélectionnées pour cette cure permettent de potentialiser les effets des principes actifs de chacune d'entre elles. Elles agissent en synergie afin de débarrasser l'organisme de tous les parasites à différents stades (œufs, larves, adultes), des champignons (candidoses) et de certaines bactéries :

- teinture de brou vert de noix extra-forte : reconnue pour ses effets antiparasitaires, bactéricides, antiviraux et antifongiques ;
- gélules d'absinthe (365 mg d'absinthe par gélule) : l'absinthe est un puissant vermifuge et un bon antifongique ;
- gélules de clous de girofle (500 mg par gélule) : propriétés antiparasitaires et antifongiques, antivirales et anti-inflammatoires.

Pour compléter cette cure, le Dr Clark a ajouté deux acides aminés, l'arginine et l'ornithine, qui sont utilisés pour nettoyer l'organisme des déchets libérés par les parasites lorsqu'ils sont éliminés, notamment l'ammoniac qui est un intoxiquant pour le foie pouvant générer des troubles du sommeil et des coups de fatigue

ADOPTER UNE ALIMENTATION ADAPTÉE À L'ENDOMÉTRIOSE

Comment agir sur la douleur et l'inflammation ?

L'endométriose est une maladie inflammatoire car le système immunitaire réagit à la présence de ce tissu endométrial qui se trouve alors hors de l'utérus (ovaires, côlon, vessie...).

Par ailleurs, la croissance de ce tissu sera stimulée par les œstrogènes.

Il est donc cohérent de penser que l'alimentation influençant la synthèse d'œstrogènes, associée à l'alimentation anti-inflammatoire, aura un effet bénéfique sur les symptômes de l'endométriose[5].

L'hygiène alimentaire la plus favorable à l'amélioration des symptômes sera proche du régime méditerranéen. Il conviendra donc de privilégier une alimentation fraîche, saine, bio, non transformée et à base de légumes variés crus et cuits à faible température, de lipides d'origines végétales et animales de qualité et de protéines animales faibles (poisson et viande blanche)...

Comme nous avons pu le voir dans la sous-partie sur la détox, il convient de diminuer également la consommation de certains aliments au profit d'autres. Réduisez notamment les produits laitiers, évitez les viandes rouges, la charcuterie, les produits raffinés mais aussi les graisses saturées d'origine animale, les céréales génétiquement modifiées et à base de gluten (blé, seigle, avoine, orge, maïs...), le sucre, les antibiotiques, les hormones, les huiles hydrogénées...

Dans le cas de l'endométriose, comprendre comment fonctionnent les acides gras est capital. La consommation d'acide gras va directement agir sur l'inflammation. En effet, tous les acides gras (saturés, mono-insaturés, polyinsaturés) ne sont pas logés à la même enseigne.

Certains vont être pro-inflammatoires, comme les aliments à base d'oméga-6 animaux (acide arachidonique), et d'autres, comme les oméga-3 animaux, sont particulièrement anti-inflammatoires (EPA et DHA).

5. "Nutritional aspects related to endometriosis". Halpern G., Schor E., Kopelman A. *Rev. Assoc. Med. Bras* (1992). 2015 Nov-Dec; 61(6):519-23. DOI: 10.1590/1806-9282.61.06.519.

Un des points majeurs de l'alimentation anti-inflammatoire est l'équilibre oméga-3 et oméga-6 (acides gras essentiels). Ces acides gras sont dits essentiels car notre corps ne sait pas les synthétiser, nous devons les apporter par l'alimentation.

Les acides gras polyinsaturés sont de grands anti-inflammatoires. Néanmoins, la plupart des personnes consomment plus d'oméga-6 (huile de tournesol, de pépins de raisin, d'arachide) que d'oméga-3 (saumon, sardine, maquereau, hareng, truite, noix, graines de lin, huiles végétales riches en acide alpha-linolénique).

Votre capacité à équilibrer le ratio oméga-6/oméga-3 sera donc essentielle pour faire baisser l'inflammation. Les études montrent que, pour optimiser votre santé, le ratio oméga-6/oméga-3 à ne pas dépasser est de 4/1. Lorsque cet équilibre est rompu, les cytokines augmentent (ce sont des protéines libérées dans les cellules en charge de l'inflammation).

Augmenter vos apports en oméga-3 permet de baisser la production des prostaglandines pro-inflammatoires issues des oméga-6, et donc de réduire l'inflammation et, vraisemblablement, la douleur. Plusieurs études[6] montrent que diminuer le ratio oméga-6/oméga-3 réduit le risque d'endométriose et/ou la sévérité des symptômes.

6. Khanaki K. *et al.*, "Evaluation of the relationship between endometriosis and omega-3 and omega-6 polyunsaturated fatty acids", *Iran Biomed J.* 2012; 16(1): 38-43, https://www.ncbi.nlm.nih.gov/pubmed/22562031

Équilibre acido-basique et inflammation

Un autre élément à considérer dans le cas de l'inflammation est l'équilibre acido-basique, équilibre métabolique essentiel à la vie !

Pour fonctionner correctement, notre organisme doit se situer dans une zone de pH (potentiel hydrogène) équilibré, ni trop bas (acide), ni trop élevé (basique/alcalin).

Le pH d'une personne en bonne santé est à 7,40, donc légèrement alcalin. Il peut varier de 7,38 à 7,42. En deçà de 7,38 et au-delà de 7,42, notre vie est menacée. Le pH est donc généralement très stable. L'organisme dispose de systèmes régulateurs appelés systèmes tampons extrêmement performants pour maintenir le pH dans ces limites très étroites.

Parfois, ces systèmes ne suffisent pas et les organes (reins, poumons...) ne parviennent pas à éliminer ces acides. Lorsque l'alimentation est très acidifiante, l'organisme n'arrive pas à les neutraliser et peu à peu s'installe une acidification chronique des tissus. On parlera d'acidose chronique à bas bruit.

Une étude réalisée au Brésil sur 87 patients a démontré qu'il existait une association positive entre la concentration d'interleukine au niveau du plasma sanguin (protéine de l'inflammation) et un écart important d'ions. L'analyse a indiqué que l'association entre la forte présence d'écart d'ion (SIG) et le statut inflammatoire était facteur d'aggravation de la maladie[7].

Les conséquences de cette acidose chronique sont multiples et vont amplifier certains symptômes de l'endométriose (en gras) :

7. "Relationship between acid–base status and inflammation in the critically ill". Fernando G. Zampieri, corresponding author, John A. Kellum, Marcelo Park, Otavio T. Ranzani, Hermes V. Barbeiro, Heraldo P. de Souza, Luiz Monteiro da Cruz Neto et Fabiano Pinheiro da Silva – *Crit Care*. 2014; 18(4): R154.

- **perturbation de la flore intestinale et du métabolisme ;**
- **mauvaise assimilation des nutriments ;**
- **inflammations diverses, irritations aux muqueuses et orifices ;**
- **exacerbation des tensions musculaires, crampes et spasmes ;**
- **dérèglement du système immunitaire,** allergies ;
- **infections bactériennes, parasitaires et mycoses ;**
- **épuisement du système nerveux ;**
- **fatigue, manque d'énergie,** frilosité ;
- perte de densité osseuse, caries et déchaussement dentaire ;
- dégradation de la peau, des ongles et des cheveux ;
- augmentation des caries dentaires ;
- calculs rénaux, **brûlures urinaires ;**
- vieillissement général de l'organisme ;
- **tendance dépressive.**

Pour connaître votre niveau d'acidification, je vous recommande de faire le test vous-même à l'aide de bandelettes urinaires. Vous devrez faire plusieurs prélèvements matin, midi et soir pendant une semaine.

Si une acidose (en deçà d'un pH de 7,40) est confirmée à l'issue de ce test, je vous recommande de suivre le régime alimentaire suivant :

- **limiter les apports en sel** et plus généralement en chlorures ;
- **réduire ou supprimer les sodas**, source d'acides comme l'acide phosphorique ;
- **éviter les excès de protéines animales** et de produits céréaliers ;
- **choisir des aliments majoritairement alcalins**, avec un indice Pral négatif (voir plus bas) : fruits, légumes, amandes, graines et épices essentiellement ;
- **entreprendre une cure de citron** pour s'alcaliniser ;
- **privilégier les aliments riches en potassium** (nutriment essentiel au fonctionnement des « systèmes tampons ») et, le cas échéant, prendre un complément de bicarbonate ou de citrate de potassium ;
- **prendre des suppléments de citrate alcalin** si vous n'arrivez pas à intégrer des aliments alcalins à votre alimentation.
- Qui plus est, **oxygénez-vous** en pratiquant une activité physique régulière à l'extérieur.

Groupes d'aliments majoritairement alcalins

- fruits : banane, cassis, figue, pomme, avocat, melon, raisin rouge... ;
- légumes : artichaut, carotte, céleri, courge, cresson, mâche, légumes verts feuillus, chou frisé, patate douce, pomme de terre, panais, bette... ;
- épices, herbes et aromates ;
- noisettes, amandes et graines, châtaigne, gingembre, sel de mer, ail, cannelle... ;

▶ tapioca, orge cuit, nouilles de riz cuites, riz brun, sarrasin, fécule de maïs...

Groupes d'aliments majoritairement acides

▶ viandes et substituts (bacon, hamburger, steak, saucisse, crevette, homard) ;

▶ laits et produits laitiers (fromage, camembert, yogourt...) ;

▶ pains, desserts (croissant, bagel, farine de blé, gâteau blanc ou au chocolat...) ;

▶ boissons contenant de la caféine ;

▶ alcool (bière blonde), boisson gazeuse, boisson de soya.

Pour avoir des indications plus précises sur les aliments alcalins et acidifiants, je vous recommande d'aller rechercher les indices Pral de ceux que vous avez l'habitude de consommer et de privilégier ceux qui ont un indice négatif. Pour cela, vous pouvez consulter les ouvrages de la Dr Catherine Kousmine, Christopher Vasey ou plus récemment de la nutritionniste Susan Brown[8]. Elle s'est basée sur les publications scientifiques de nombreux spécialistes en la matière (Remer, Manz, Frassetto et Jaffe) pour faire sa propre classification.

Quels aliments doit-on consommer ?

Comme nous l'avons déjà expliqué, il faut privilégier les aliments anti-inflammatoires.

8. Coauteure du livre (en anglais) *The Acid-Alkaline Food Guide*, Square one publishers, 2013.

Les acides gras polyinsaturés

Poissons gras

Privilégiez les petits poissons des mers froides car ils sont moins pollués (maquereau, sardine, hareng, anchois) mais aussi le saumon sauvage, la truite...

Pensez aux sardines et maquereaux en conserve bio si vous n'avez pas le temps de cuisiner[9].

Les œufs

Les œufs de la filière oméga-3 constituent une source intéressante de DHA.

Huiles végétales

Les huiles végétales[10] (colza, noix, graines de lin, cameline, chanvre) sont riches en oméga-3 végétaux. Pour plus de praticité, vous pouvez acheter en magasin bio des bouteilles d'huile quatuor ou quintuor qui ont un bon ratio oméga-3/oméga-6. Sensibles à la chaleur, elles sont à conserver au réfrigérateur. Pour la cuisson, je vous recommande les huiles d'olive et de coco car elles supportent la cuisson à haute température.

9. "Oral eicosapentaenoic acid supplementation as possible therapy for endometriosis". Netsu S., Konno R., Odagiri K., Soma M., Fujiwara H., Suzuki M. *Fertil Steril.* 2008 Oct; 90(4 Suppl):1496-502. Epub 2007 Dec 3.
"Dietary fish oil supplementation inhibits formation of endometriosis-associated adhesions in a chimeric mouse model." Herington JL, Glore DR, Lucas JA, Osteen KG, Bruner-Tran KL. *Fertil Steril.* 2013 Feb; 99(2): 543-50. DOI: 10.1016/j.fertnstert.2012.10.007. Epub 2012 Oct 25.

10. "Metabolism and functional effects of plant-derived omega-3 fatty acids in humans." Baker EJ, Miles EA, Burdge GC, Yaqoob P, Calder PC. *Prog Lipid Res.* 2016. Oct; 64:30-56. DOI: 10.1016/j.plipres.2016.07.002. Epub 2016 Aug 3.
"The anti-inflammatory impact of omega-3 polyunsaturated fatty acids during the establishment of endometriosis-like lesions." Attaman JA, Stanic AK, Kim M, Lynch MP, Rueda

Les légumes crucifères

La consommation régulière de légumes de la famille des crucifères peut aider à réguler les taux d'hormones féminines et à réduire les conséquences de l'endométriose sur la santé. Consommez chou, brocoli, chou-fleur, chou de Bruxelles, chou frisé, radis, navet, cresson, roquette, raifort, moutarde et colza à volonté.

L'indole-3-carbinol (ou I3C) présent dans ces légumes interfère avec le récepteur des œstrogènes et bloque l'activité œstrogénique, ce qui aide à réduire la douleur.

Les légumes dont la concentration en bêtacarotène et en vitamine A est élevée, comme le chou de Chine ou bok choy par exemple, ont un effet anti-inflammatoire particulièrement important.

Herbes et épices

Pensez à ajouter des aromates et épices à tous vos plats, ils ont des propriétés anti-inflammatoires très puissantes.

Curcuma

De nombreuses études reconnaissent le pouvoir anti-inflammatoire de la curcumine du curcuma. Il protège contre l'oxydation lors de la cuisson et a un effet protecteur contre le stress oxydatif. Pour une meilleure assimilation, associez toujours au curcuma de l'huile végétale.

BR, Styer AK. *Am J Reprod Immunol.* 2014 Oct; 72(4): 392-402. DOI: 10.1111/aji.12276. Epub 2014 Jun 5.

Gingembre

Tout comme le curcuma, le gingembre est un puissant anti-inflammatoire. Il inhibe la formation des prostaglandines inflammatoires, réduisant ainsi la douleur associée à l'inflammation.

Vous pouvez l'utiliser frais (de préférence) ou en poudre dans vos plats ou préparations.

Thé vert

Le thé vert, riche en gallate d'épigallocatéchine (EGCG), est aussi un antioxydant puissant et efficace sur l'endométriose[11]. Deux tasses par jour d'un thé vert de qualité vous apporteront une dose raisonnable en antioxydants.

Attention, une consommation excessive de thé vert peut engendrer chez certaines personnes des problèmes d'absorption du fer car le thé vert a tendance à chélater les molécules de fer.

Réduisez votre consommation de gluten

Le gluten est un ensemble de protéines que l'on trouve dans quelques céréales : gliadine et gluténine dans le blé, sécaline dans le seigle et hordéine dans l'orge.

Le gluten est une substance collante et visqueuse, d'où son nom dans le blé.

Les céréales les plus concentrées en gluten sont au nombre de trois : seigle, blé et orge. L'avoine était auparavant dans cette liste, mais on considère aujourd'hui que l'avénine

11. "Protective effects of green tea and its main constituents against natural and chemical toxins: A comprehensive review". Rameshrad M., Razavi BM, Hosseinzadeh H. *Food Chem Toxicol.* 2017 Feb; 100:115-137. DOI: 10.1016/j.fct.2016.11.035. Epub 2016 Dec 1.

qu'elle contient est faiblement toxique. L'épeautre et le petit épeautre contiennent également du gluten mais en plus faible concentration.

Les preuves scientifiques manquent sur l'efficacité d'une alimentation sans gluten pour améliorer les symptômes de l'endométriose. Néanmoins, une étude récente en Italie a testé les effets du régime sans gluten sur la maladie : 207 femmes touchées par une forme sévère d'endométriose ont été suivies[12]. Il a été constaté qu'au bout de 12 mois, 75 % (156) d'entre elles avaient beaucoup moins mal qu'avant et les 25 % restant n'ont pas vu de différences. Aucune d'entre elles n'a vu la douleur augmenter. Les résultats de l'étude montrent donc qu'un régime sans gluten au long cours diminue significativement les douleurs de l'endométriose.

De nombreux témoignages de femmes confirment que passer au sans gluten a permis de réduire les douleurs.

Je vous recommande donc vivement d'expérimenter ce régime sans gluten par vous-même et d'être attentives à l'évolution de vos symptômes.

Les vitamines

Les vitamines B1, B9, C et E

Une étude réalisée par la *Nurses' Health Study*[13] démontre que les vitamines B1, B9, C et E semblent diminuer le risque d'endométriose lorsqu'elles sont apportées par l'alimentation, en particulier par les fruits et légumes. Cela ne semble

12. "Gluten-free diet: a new strategy for management of painful endometriosis related symptoms?" Marziali M., Venza M., Lazzaro S., Lazzaro A., Micossi C., Stolfi VM. *Minerva Chir*. 2012 Dec; 67(6): 499-504.

13. "A prospective cohort study of Vitamins B, C, E, and multivitamin intake and endometriosis." Darling AM, Chavarro JE, Malspeis S., Harris HR, Missmer SA. *J Endometr*. 2013 Jan 1; 5(1): 17-26.

pas se vérifier avec l'apport par complément alimentaire. C'est pourquoi je vous recommande d'avoir une alimentation riche et variée et de consommer régulièrement les aliments mentionnés ci-dessous.

La vitamine B1 ou thiamine

Les femmes atteintes d'endométriose souffrent d'une carence en vitamine B complexe au cours du cycle menstruel.

Cette vitamine ne peut pas être synthétisée par l'organisme, il faut donc l'apporter par l'alimentation. Elle aide à détoxifier le foie, ce qui est particulièrement important puisqu'il participe à la dégradation des œstrogènes pour rétablir un bon équilibre hormonal.

Sources alimentaires de vitamine B1

Céréales complètes, levure de bière, légumes secs (lentilles...), fruits secs (noisettes, noix...), graines, légumes (pommes de terre, choux, asperges...), viandes blanches, huîtres, algues, poissons, jaune d'œuf...

La vitamine B9 ou acide folique

La vitamine B9 participe à la synthèse des neuromédiateurs, indispensable pour le système nerveux, la synthèse des globules blancs et rouges, la production cellulaire et le renouvellement de la paroi de l'intestin.

Dans le cas de l'endométriose, elle va aider à la production de globules rouges pour éviter l'anémie, elle va apporter des nutriments aux cellules du système nerveux qui est bien souvent affaibli et elle intervient dans la synthèse, la réparation et le fonctionnement de l'ADN pour éviter une croissance cellulaire anormale.

Sources alimentaires de vitamine B9

Abats, légumes à feuilles vertes tels que les épinards, la mâche, mais aussi le fenouil, le brocoli, les endives, les carottes, les asperges.

La vitamine C

Cette vitamine ne peut pas être synthétisée par l'organisme, il faut donc l'apporter par l'alimentation. Parmi ses nombreux bienfaits, la vitamine C contribue au maintien de la fonction immunitaire, participe à la cicatrisation des plaies et à la synthèse des globules rouges et augmente l'absorption du fer. Enfin, elle a un fort pouvoir antioxydant qui protège les cellules des attaques des radicaux libres.

Sources alimentaires de vitamine C

Poivron rouge, papaye, persil, orange, citron, kiwi, mangue, melon charentais, framboise, fraise, brocoli, tomate, pamplemousse, ananas.

La vitamine E

La vitamine E est intéressante à plusieurs titres dans le cas de l'endométriose. Cette vitamine aux propriétés antioxydantes réduit la toxicité des dioxines dans l'organisme. Le gamma-tocophérol qu'elle contient diminue le TNF-alpha, une importante cytokine impliquée dans l'inflammation, dont le taux est très élevé chez les personnes atteintes d'endométriose. Enfin, elle inhibe la croissance des cellules endométriales[14].

Sources alimentaires de vitamine E

Huile de germe de blé, huile de tournesol, huile d'avocat, graines de tournesol, huile de foie de morue, huile de noisette, huile de colza, sardines fraîches ou en conserve, œufs.

Le bêtacarotène

Le bêtacarotène est un précurseur de la vitamine A. La vitamine A intervient activement dans la différenciation et la croissance cellulaire, en participant à la transcription de certains gènes et à la synthèse de certaines protéines. Elle favorise l'absorption du fer, élément important car, dans les cas d'endométriose, il y a beaucoup de carences martiales. Elle permet aussi de réguler la réponse inflammatoire.

ATTENTION !

Si vous fumez, évitez de prendre un supplément de bêtacarotène. L'apport quotidien de 20 milligrammes ou plus a été associé à une incidence plus élevée de cancer du poumon chez les fumeurs.

Sources alimentaires de bêtacarotène

Épinards, blettes, carottes, abricots, poivrons, mangues, patates douces…

14. https://www.inserm.fr/actualites-et-evenements/actualites/stress-oxydatif-nouvelle-cible-contre-endometriose

MES RECOMMANDATIONS POUR COMPOSER DES REPAS ÉQUILIBRÉS

Je ne vais pas vous donner des recettes types car le plus important est que vous compreniez comment composer une assiette équilibrée et adaptée à l'endométriose. L'idée est que vous sachiez associer les bons aliments entre eux et composer des repas adaptés à votre pathologie, chez vous, au restaurant ou chez des amis.

Il est impératif pour votre bien-être de boire **1,5 litre d'eau plate par jour** filtrée grâce à des filtres à charbon si vous consommez l'eau du robinet pour éliminer les résidus de pesticides et de métaux lourds, ou de l'eau en bouteille si vous n'avez pas la possibilité de la filtrer (de préférence Mont Roucoult, Rosée de la Reine, Mont Calm...).

Le petit-déjeuner

En fonction de vos goûts, je vous propose deux types de petit-déjeuner, un sucré et un salé. Vous pouvez aussi associer les deux et composer un petit-déjeuner mixte.

N'oubliez pas que le sucre reste l'ennemi de votre santé, surtout les sucres rapides. Ma préférence ira bien sûr à un petit-déjeuner salé.

Composition d'un petit-déjeuner sucré

Commencez votre journée par un grand verre d'eau tiède ou à température ambiante avec un quart de jus de citron frais.

Boisson : Privilégiez le thé vert, le maté, la tisane ou la chicorée. Si vous êtes amateur de café, attention à sa surconsommation. Un café par jour reste acceptable. Choisissez-le plutôt décaféiné et sans sucre ou avec du sucre de bouleau (xylitol).

+ **un fruit ou un jus de fruits :** choisissez un fruit doux plutôt alcalinisant comme la pomme, la banane, la poire, le raisin… ou des fruits secs : pruneaux, figues, abricots…

De même, si vous prenez un jus de fruits, privilégiez les jus de pomme, de raisin au jus d'oranges ou au jus de pamplemousse, trop acide.

+ **une source de céréales :** ma préférence va à des céréales sans gluten, comme la farine de riz, de sarrasin, de châtaigne, de pois chiches, de coco… Vous pouvez trouver facilement des biscottes en magasin bio avec ces farines ou des pains sans gluten. Si vous avez le temps, vous pouvez réaliser vous-même votre pain sans gluten.

Vous pourrez le tartiner de purée d'amandes, très bonne source d'énergie et d'oméga-3, de purée de noisettes ou d'une margarine bien équilibrée en acides gras non hydrogénés.

Vous pouvez également faire le choix d'un porridge comme :

- **Alcamatin®** (préparation à base de sarrasin et de millet aux fruits et aux graines) ;
- **miam-ô-fruit**, recette élaborée par France Guillain, à base de banane écrasée, huile de colza, graines de lin, sésame, noix, noisette, noix de cajou, citron frais et fruits doux (recette page 149) ;
- **porridge aux graines de chia, oléagineux et fruits :** faire tremper la veille au soir deux cuillères à soupe de graines de chia dans un bol avec 200 ml de lait végétal (lait de coco, d'amande, de noisette, de quinoa, de petit épeautre…). Ajouter le matin six amandes et une noix du Brésil concassées, deux noix de Grenoble, trois pruneaux, quelques morceaux de

banane, pommes, poires... (fruits alcalins) et régalez-vous avec ce petit-déjeuner alcalin très nutritif, très riche en oméga-3, vitamines et minéraux.

Composition d'un petit-déjeuner salé

Commencez votre journée par un grand verre d'eau tiède ou à température ambiante avec un quart de jus de citron frais.

Boisson : comme pour le petit-déjeuner sucré.

+ **une source de protéine :**

- œufs : ma préférence va aux œufs à la coque ou au plat plutôt qu'aux œufs brouillés ou en omelette afin de conserver l'apport nutritionnel du jaune d'œuf qui est supérieur lorsqu'il est cru ;
- jambon blanc bio/bacon bio, viande blanche bio ou Label rouge® ;
- fromage de chèvre frais bio en petite quantité ;
- mélange de céréales et de légumineuses : semoule/pois chiches, haricots rouges/quinoa, millet/haricots rouges, riz/lentilles, maïs/haricots secs...

+ **des légumes :** vous pouvez y associer quelques légumes crus alcalinisants comme de l'avocat, des petits radis, des graines germées d'alfafa, des carottes crues, des bâtons de concombre, de la mâche, du poivron rouge cru...

Et/ou un bol de soupe que vous aurez préparée la veille (plus adapté en hiver).

Et/ou une assiette de légumes cuits à basse température pour ne pas altérer la qualité des vitamines (en wok, par exemple).

Je vous recommande d'accompagner ce petit-déjeuner de graines de lin moulues, de noix, d'amandes...

Déjeuner

Essayez de décomposer votre repas de la manière suivante :

- 40 % de légumes crus et cuits ;
- 30 % de protéines ;
- 20 % de céréales/féculents ;
- 10 % de fruits.

Une source de légumes crus alcalinisants et de saison : carottes, betteraves, radis, mâche, concombre, poivron rouge, courgette, avocat... accompagnés de deux cuillères à soupe d'huile végétale non hydrogénée, de première pression à froid, équilibrée en oméga-3/oméga-6 (vous trouverez dans les commerces bio des bouteilles quatuor ou quintuor respectant cet équilibre). Vous pouvez y ajouter une cuillère à café de vinaigre de cidre ou un jet de jus de citron frais pour faire une vinaigrette.

Une source de protéines végétales ou animales :

- **protéines végétales :** semoule/pois chiches, haricots rouges/quinoa, millet/haricots rouges, riz/lentilles, maïs/haricots secs ;
- **protéines animales :** poulet, dinde, porc maigre, poisson (petits poissons de préférence car moins pollués), œufs.

Une source de céréales complètes ou semi-complètes, de préférence sans gluten et à faible indice glycémique car le sucre favorise l'inflammation. Quelques exemples : riz brun ou basmati (IG : 45 pour 100 g), quinoa (IG : 35 pour 100 g), sarrasin (IG : 40 pour 100 g) contre un indice glycémique de 75 pour 100 g pour les pâtes de blé...

Légumes alcalins (non acides) cuits à la vapeur ou à l'étouffée (à moins de 110 °C). Carotte, brocoli, courgette, avocat, aubergine, poivron rouge, panais, pomme de terre, potimarron, mâche, salade, betterave, céleri, fenouil, concombre, haricot vert, maïs, navet...

Aromates à volonté : persil, ciboulette, estragon, ail, oignon, échalote...

Dessert (si besoin) : un fruit de saison doux et alcalinisant ou un entremets végétal : banane, poire, pomme douce, raisin, grenade, cerises rouges, pêche, mangue, melon, pastèque, figue...

Goûter ou collation

Vous pouvez manger :

- un ou deux fruits de saison ou des fruits secs ;
- quelques oléagineux : amandes (10 maximum), quatre noix de Grenoble, une noix du Brésil (attention à leur surconsommation car elles sont très caloriques).

Dîner

Votre repas du soir devrait être composé de la façon suivante :

- 60 % de légumes crus et cuits ;
- 10 % de protéines ;
- 20 % de céréales/féculents ;
- 10 % de fruits.

Pour le dîner, le principe reste le même : on veillera à réduire l'apport calorique avec un repas frugal pour faciliter la digestion et favoriser le sommeil et donc la détox et la réparation cellulaire qui se fait la nuit.

Une source de légumes crus alcalinisants et de saison : carotte, betterave, radis, mâche, concombre, poivron rouge, courgette, avocat... Pensez aussi aux légumes lacto-fermentés, parfaits pour restaurer l'équilibre de votre flore intestinale (choucroute, betterave, carotte, céleri...) que vous pouvez réaliser vous-même ou que vous pouvez acheter en bocal en magasin bio.

Légumes cuits à la vapeur ou à l'étouffée (à moins de 110 °C) ou une soupe ou un bouillon de légumes et/ou de viande.

Une source de protéine légère : préférez le poisson, sinon de la viande en petite quantité.

Une source de féculents, le cas échéant sans gluten : pomme de terre, patate douce, haricots secs, lentilles, riz, quinoa, sarrasin, millet... Préférez les aliments à faible indice glycémique car le sucre favorise l'inflammation.

Dessert : si vous pouvez vous en passer, c'est préférable. Sinon, comme pour le déjeuner, un fruit de saison ou un entremets végétal.

MES JUS PLAISIR ET SANTÉ

Pourquoi consommer des jus de légumes frais et bio si vous souffrez d'endométriose ?

Comme nous avons pu le voir, l'apport de nombreux nutriments, vitamines, oligo-éléments, minéraux, protéines... est indispensable pour un bon état de santé et, en particulier quand, comme dans le cas de l'endométriose, elle est aggravée par les carences nutritives. Il est donc fondamental d'avoir une alimentation équilibrée, saine et vivante et donc riche en vitamines et minéraux. L'alimentation crue donne à nos cellules ce qu'il leur faut pour se réparer au fur et à mesure qu'elles se reproduisent.

Sachez que cuire les aliments détruit la moitié des protéines disponibles, 60 à 70 % des vitamines (jusqu'à 96 % pour la B12), et 100 % des phytonutriments qui boostent le système immunitaire et bien d'autres fonctions physiologiques.

Au-dessus de 41 °C, les enzymes sont en grande partie détruites. Or, elles participent grandement à la qualité de votre digestion. Manger des fruits et légumes crus permet donc de conserver son capital enzymatique. Le corps bien sûr en produit mais, avec l'âge, cette production diminue.

Un des moyens les plus efficaces et naturels de se gorger de nutriments vitalogènes est la consommation de jus de légumes extrait à froid. Les jus extraits de légumes frais, crus et bio sont un excellent moyen de fournir à nos cellules et à nos tissus tous les nutriments et enzymes dont ils ont besoin.

Ces jus sont particulièrement recommandés si vous souffrez du syndrome du côlon irritable car vous n'avez pas à digérer les fibres, ce qui laissera votre système digestif au repos tout en vous gorgeant de nutriments.

L'assimilation des nutriments au niveau cellulaire sera grandement accélérée et facilitée. Il vous faudra environ 15 à 20 minutes pour ressentir le coup de boost dû à l'apport des nutriments au niveau cellulaire.

Ces recettes de jus de légumes sont à réaliser avec un extracteur de jus à froid (vitesse de rotation entre 40 et 70 tours par minute maximum) afin de préserver un maximum de nutriments (vitamines, minéraux, oligo-éléments, enzymes...).

Je vous recommande d'acheter des fruits et légumes bio ou issus de l'agriculture raisonnée pour réaliser ces jus car vous devez laisser la peau pour un apport maximal de vitamines.

Pensez à bien laver vos légumes avant avec du vinaigre blanc et une brosse à légumes.

Quelques recettes

Détox du foie

Jus 1

- 6 petites têtes de brocoli
- 1 poire
- 2 branches de céleri

Jus 2

- 2 carottes
- ½ betterave
- ½ fenouil
- ¼ de citron
- 1 branche de céleri
- 1 cm de gingembre

Jus booster d'énergie

Jus 1

- 2 kiwis
- ¼ ananas
- 1 cuillère à café de jus de citron jaune
- 1 branche de céleri

Jus 2

- 2 pommes
- 150 g d'épinards
- ½ concombre
- 1 feuille de chou kale

Jus antioxydant

Jus 1

- 2 pommes
- 4 carottes
- ½ citron
- Gingembre
- Curcuma frais

Jus 2

- 125 g de myrtilles
- 50 g de grenade
- 125 g de framboises
- 2 pommes rouges

LUTTER CONTRE LA CONSTIPATION POUR RÉDUIRE L'INFLAMMATION

Dans de nombreux cas, l'inflammation provoquée par l'endométriose au niveau de l'utérus atteint les tissus les plus proches, c'est-à-dire le rectum, le côlon et l'intestin. On parle alors d'endométriose digestive.

Il a été constaté que 50 à 60 % des femmes présentant une endométriose manifestent des troubles digestifs dus à une pathologie digestive telle que la rectocolite hémorragique, le syndrome du côlon irritable, la maladie de Crohn.

Ces femmes souffrent de divers troubles digestifs : alternance diarrhée/constipation, douleurs aiguës à la défécation (cela ressemble à des douleurs hémorroïdaires), rectorragies (sang dans les selles), ballonnements, constipation sévère, arrêt des gaz.

Il est bon de rappeler que lorsque notre flore intestinale est en bonne santé, elle est dominée par des bactéries saprophytes, c'est-à-dire bénéfiques. Les personnes qui souffrent de constipation chronique ont une flore intestinale en déséquilibre.

Même s'il n'y a pas d'atteinte digestive dans votre pathologie, surveiller son transit est primordial. En effet, les causes de la constipation sont variées. Les 100 000 milliards de bactéries qui composent votre flore doivent être en équilibre. Les bactéries ont pour rôle d'éliminer les déchets incomplètement digérés. Une mauvaise alimentation entraîne une augmentation de la flore de putréfaction (côlon gauche) et de la flore de fermentation (côlon droit). C'est la perturbation de cet équilibre qui entraîne d'éventuels dysfonctionnements intestinaux tels que la constipation.

L'accumulation de déchets dans le côlon est toxique et dangereuse pour votre santé, raison pour laquelle il est absolument essentiel de s'en occuper.

Sachez qu'un bon transit implique une évacuation des selles deux à trois fois par jour et au minimum une fois par jour. Si vous n'êtes pas dans ce cas, il vous sera très difficile de retrouver la santé tant que votre transit ne sera pas journalier. S'occuper de son intestin est donc la première chose à faire.

Attention, l'alimentation n'est pas la seule à perturber votre intestin : en effet, stress, médicaments, anxiété, sédentarité... participent également à la détérioration de votre microbiote intestinal.

Les conseils alimentaires que je vous ai présentés pour réduire l'inflammation due à votre endométriose favorisent également un bon transit. Si toutefois vous souffrez de constipation plus ou moins sévère, il est primordial de suivre, en plus, les conseils ci-dessous.

Solutions naturelles pour améliorer votre transit

- Buvez au moins **1 l à 1,5 l d'eau plate** par jour.
- Consommez suffisamment de **fibres** : légumes, légumes crucifères, fruits, fruits secs (pruneaux, figues, dattes...), légumineuses, graines de lin moulues, céréales complètes, graines de tournesol, ail...
- Mangez des **aliments lacto-fermentés** (légumes, kéfir de fruits, kombucha...).
- Prenez du **psyllium blond** (deux cuillères à café) dans un grand verre d'eau après le repas.
- Massez votre côlon tous les jours avec l'équivalent d'une cuillère à café d'**huile végétale de jojoba ou**

d'amande douce, à laquelle vous ajouterez deux gouttes d'huile essentielle de gingembre.

- Faites de l'**exercice physique** (marche journalière, course à pied, aquagym...).
- Pour ne pas fragiliser votre périnée, lorsque vous êtes aux toilettes, placez sous vos pieds **un petit banc** de 20 à 30 cm de hauteur et penchez-vous en avant pour retrouver la position accroupie qui fait pression sur les intestins et favorise l'évacuation.
- Pensez à la **respiration abdominale** pour mieux gérer votre stress, vous détendre et éviter les spasmes et tensions intestinales.
- Placez une **bouillotte sur vos intestins** si vous vous sentez stressée, cela permettra de détendre vos muscles. Profitez-en pour faire une respiration ventrale et bien vous détendre.

Vous l'aurez compris, prendre soin de votre système digestif vous permettra de réduire l'inflammation digestive, d'avoir un meilleur confort au niveau de votre ventre et, par conséquent, de réduire les douleurs liées à l'inflammation potentielle et celles liées aux stases des selles dans le côlon.

COMPLÉMENTS ALIMENTAIRES

Dans certains cas, la prise de compléments alimentaires pour accompagner l'endométriose peut tout à fait faire sens. En effet, l'alimentation n'apporte pas toujours à elle seule la même concentration, pureté et biodisponibilité que les nutriments.

Je vous propose de voir quels minéraux, vitamines et oligo-éléments pourraient être utiles en complément.

ATTENTION !

Ne vous supplémentez pas de manière autonome sans en parler à un professionnel de santé. En effet, certains compléments alimentaires peuvent avoir des effets indésirables s'ils sont associés à des médicaments. Parlez-en toujours à votre médecin avant toute prise de complément alimentaire, en particulier si vous prenez déjà des médicaments. Un professionnel de la santé pourra ajuster et individualiser la dose et vérifier les éventuelles contre-indications.

La vitamine D

La vitamine D est très importante à plusieurs titres mais, dans le cas de l'endométriose, elle nous intéresse pour ses propriétés anti-inflammatoires[15], modulatrice de l'auto-immunité, ainsi que pour sa capacité à absorber le calcium et le phosphore par les intestins.

Des études montrent que les femmes qui ont des niveaux faibles de vitamine D dans le sang ont plus de risques de déclencher la maladie mais on ne sait pas vraiment si une supplémentation en vitamine D améliore la maladie[16].

Demandez à votre médecin de vérifier votre taux de vitamine D avant toute supplémentation afin d'adapter la quantité et la durée. Le dosage fréquemment recommandé est 2 000 UI par jour au moment du repas, à prendre en goutte.

15. "Vitamin D and inflammatory diseases." Yin K., Agrawal DK. *J Inflamm Res.* 2014 May 29; 7:69-87. DOI: 10.2147/JIR.S63898. eCollection 2014.

16. "Dairy-food, calcium, magnesium, and vitamin D intake and endometriosis: a prospective cohort study". Harris HR, Chavarro JE, Malspeis S., Willett WC, Missmer SA. *Am J Epidemiol.* 2013 Mar 1; 177(5): 420-30. DOI: 10.1093/aje/kws247. Epub 2013 Feb 3.

Il existe de nombreux produits de qualité sur le marché de laboratoires français ou luxembourgeois tels que la vitamine Royal D3 en gouttes du laboratoire La Royale, la vitamine D3 en gouttes du laboratoire Herbolistique, la vitamine D3 du laboratoire Copmed...

Les oméga-3 (EPA-DHA)

Les poissons gras sont de grands pourvoyeurs d'acide docosahexaénoïque (DHA) et d'acide eicosapentaénoïque (EPA), d'oméga-3 (acides gras polyinsaturés) à longue chaîne. Ils s'opposent à l'action de l'acide arachidonique dans la production de prostaglandines, ce qui réduit l'inflammation causée par l'endométriose.

Il n'existe pas d'étude sur les effets des EPA et DHA sur l'être humain. Néanmoins, une étude réalisée sur des rats a montré des résultats étonnants en faveur d'une nette amélioration des symptômes inflammatoires grâce à la prise d'EPA[17].

Si vous souhaitez prendre des capsules d'oméga-3 (EPA-DHA), il est très important que vous vous assuriez de la qualité des huiles et de la capsule. Les labels EPAX, FUFANOX, Quality Silver et Omegavie sont à la pointe de la technologie et garantissent la production des huiles de poissons dans le respect de cahiers des charges très stricts. Ils utilisent des procédés de pêche éco-responsables : seuls les petits poissons de mers froides sont pêchés (sardines, maquereaux, anchois) car ils se situent en bas de la chaîne alimentaire et contiennent naturellement beaucoup moins de polluants environnementaux que les espèces de plus grande taille. L'exigence de ces labels impose des critères de qualité, de pureté (absence de

17. "Oral eicosapentaenoic acid supplementation as possible therapy for endometriosis". Netsu S., Konno R., Odagiri K., Soma M., Fujiwara H., Suzuki M. *Fertil Steril.* 2008 Oct; 90(4 Suppl): 1496-502. Epub 2007 Dec 3.

polluants : métaux lourds, pesticides, dioxines, PCB) et de stabilité qui dépassent souvent de loin les critères en norme sur le marché. Ils certifient que l'huile n'a pas été oxydée dans sa capsule avec un indice Totox garanti inférieur à 10.

Dosage recommandé : complexe EPA-DHA, de 400 à 500 mg par jour à prendre au cours du repas en deux ou trois prises pendant plusieurs mois.

Quelques compléments de qualité (au choix) :

- **Omegarel** (laboratoire Santarel) : deux capsules matin et soir au moment des repas,
- **Oméga-3 sauvage** (laboratoire Herbolistique) : deux capsules matin, midi et soir,
- **huile de poissons sauvages** (laboratoire La Royale) : deux capsules matin, midi et soir).

ATTENTION !

Si vous prenez de la warfarine (Coumadin®), consultez votre médecin avant de prendre un complément alimentaire d'EPA et de DHA car cela peut augmenter le risque de saignement. Cessez de vous complémenter en acide docosahexaénoïque (DHA) et en acide eicosapentaénoïque (EPA) deux semaines avant toute intervention chirurgicale.

L'acide gamma-linolénique

L'acide gamma-linolénique (GLA) est un acide gras oméga-6 présent dans les huiles de graines de bourrache, d'onagre et de pépins de cassis.

Le GLA est un précurseur du métabolisme des prostaglandines de la série 1, qui diminuent la réponse inflammatoire et inhibent la formation de l'acide arachidonique.

L'huile de bourrache étant la plus riche en GLA, vous pouvez la prendre sous forme de capsule. Pour ne pas déséquilibrer la balance oméga-3/oméga-6, je vous recommande de l'associer à la prise de capsules d'huile de poisson EPA-DHA.

Dosage recommandé : 150 mg de GLA par jour à prendre au cours du repas pour une meilleure assimilation pendant plusieurs mois.

Vous trouverez le GLA (huile de bourrache) par exemple dans les produits suivants (au choix) :

- **Huile de bourrache** (laboratoire Copmed) : une capsule matin et soir au moment du repas,
- **Huile de bourrache** (laboratoire La Royale) : deux capsules matin et soir avant le repas.

Les contre-indications d'un supplément de GLA sont les mêmes que pour l'EPA-DHA (voir ci-dessus).

La curcumine

Le curcuma est une épice aux multiples vertus préventives comme curatives. Il est anti-inflammatoire, antioxydante, anticancéreux, antidiabétique...

La molécule active du curcuma est la curcumine. Le problème que l'on rencontre avec ce polyphénol est qu'il est très faiblement absorbé au niveau intestinal. Certains laboratoires proposent une association avec du poivre noir pour renforcer son assimilation. En effet, une étude a montré que l'ajout de

20 mg de piperine (extrait du poivre noir) à 2 000 mg de curcumine multipliait par 20 son absorption[18].

Toutefois, le poivre noir augmente la perméabilité intestinale qui favorise l'apparition d'intolérance et d'allergies alimentaires[19]. Certains laboratoires ont par conséquent développé une nouvelle formulation où l'absorption des phospholipides de curcuma est multipliée par 29 sans altérer la barrière intestinale[20]. Je vous recommande donc d'acheter du curcuma sous forme de phospholipides pour une meilleure assimilation.

Dosage recommandé : 200 à 500 mg par jour, pendant plusieurs mois.

Vous trouverez cette curcumine hautement disponible par exemple dans les produits suivants (au choix) :

- **Curcuma Fort** (laboratoire Herbolistique) : une gélule matin, midi et soir,
- **Curcuma synergisé** (laboratoire Copmed) : une gélule par jour, à prendre de préférence avant un repas avec un verre d'eau,
- **NuCurcumaHD** (laboratoire Nutriting) : une gélule matin et soir.

18. "Influence of piperine on the pharmacokinetics of curcumin in animals and human volunteers". Shoba G., Joy D., Joseph T., Majeed M., Rajendran R., Srinivas PS. *Planta Med.* 1998 May; 64(4): 353-6.

19. "Hot Spices Influence Permeability of Human Intestinal Epithelial Monolayers." Erika Jensen-Jarolim, Leszek Gajdzik, Ines Haberl, Dietrich Kraft, Otto Scheiner, Jürg Graf. *J. Nutr.* 1998 128: 3 577-581.

20. "Comparative evaluation of the pain-relieving properties of a lecithinized formulation of curcumin (Meriva(®)), nimesulide, and acetaminophen". Di Pierro F., Rapacioli G., Di Maio EA, Appendino G., Franceschi F., Togni S. *J Pain Res.* 2013; 6:201-5. "Comparative absorption of a standardized curcuminoid mixture and its lecithin formulation". Cuomo J., Appendino G., Dern AS, Schneider E., McKinnon TP, Brown MJ, Togni S., Dixon BM. *J Nat Prod.* 2011 Apr 25; 74(4): 664-9.

L'extrait de thé vert riche en EGCG

Le gallate d'épigallocatéchine (EGCG) est le flavonoïde (catéchine) le plus abondant dans le thé vert, connu pour ses propriétés antioxydantes puissantes. Des études montrent que cet extrait de thé vert est capable d'agir sur le récepteur aux œstrogènes et de moduler son action.

Après administration d'EGCG à des souris souffrant d'endométriose, il a été constaté que l'EGCG permettait de ralentir ou de bloquer totalement la progression de la maladie[21].

Une étude sur l'efficacité de l'EGCG sur des femmes ayant des fibromes utérins a été réalisée[22]. En effet, la croissance des tissus utérins d'un fibrome et celle de l'endométriose étant toutes deux étroitement liées aux hormones, on observe des similitudes étiologiques. L'étude faite sur les fibromes utérins sert donc la cause de l'endométriose.

L'étude a porté sur 33 femmes âgées de 18 à 50 ans, divisées en deux groupes : un groupe a reçu un placebo et l'autre un extrait de thé vert dosé à 800 mg par jour dont 45 % étaient de l'EGCG (360 mg). Après quatre mois de traitement, le groupe placebo a vu le volume des fibromes augmenter de 24,3 % alors que l'autre groupe a vu le volume des fibromes diminuer de 32,6 %. L'EGCG du thé vert est donc capable de ralentir et de bloquer la progression de la maladie en inhibant l'angiogenèse dans les implants endométriosiques.

21. "Epigallocatechin-3-gallate inhibits estrogen-induced activation of endometrial cells in vitro and causes regression of endometriotic lesions in vivo." Laschke MW, Schwender C., Scheuer C., Vollmar B., Menger MD. *Hum Reprod.* 2008 Oct; 23(10): 2308-18. DOI: 10.1093/humrep/den245. Epub 2008 Jul 4.
"Prodrug of green tea epigallocatechin-3-gallate (Pro-EGCG) as a potent anti-angiogenesis agent for endometriosis in mice." Wang CC, Xu H, Man GC, Zhang T, Chu KO, Chu CY, Cheng JT, Li G, He YX, Qin L, Lau TS, Kwong J, Chan TH. *Angiogenesis.* 2013 Jan; 16(1): 59-69. DOI: 10.1007/s10456-012-9299-4. Epub 2012 Sep 5.

22. "Treatment of symptomatic uterine fibroids with green tea extract : a pilot randomized controlled clinical study". Eman Roshdy, Veera Rajaratnam, Sarbani Maitra, Mohamed Sabry, Abdou S. Ait Allah, Ayman Al-Hendy. *Int J Womens Health.* 2013; 5: 477-486.

Dosage recommandé : 300 à 500 mg ou plus d'EGCG à jeun par jour, pendant plusieurs mois.

Les compléments que je recommande (au choix) :

- **Thé vert** (laboratoire Herbolistique) : deux gélules matin, midi et soir avant le repas,
- **Endomenat** (laboratoire Copmed), un complexe élaboré pour répondre aux besoins spécifiques de l'endométriose : deux gélules matin et soir,
- **Roy-eau thé vert bio** (laboratoire La Royale) : deux ampoules à diluer dans un verre d'eau avant le dîner.

Le pycnogenol

Les propriétés médicinales de l'extrait d'écorce de pin (ou pycnogenol) sont principalement attribuables aux OPC (oligo-proanthocyanidines) qu'il renferme.

L'écorce de pin des Landes, par sa richesse en polyphénols, joue un rôle majeur dans le traitement des douleurs et l'inflammation liée à l'endométriose par son action antioxydante et anti-inflammatoire.

Une étude a comparé les traitements par pycnogenol (60 mg/jour pendant 48 semaines) versus un agoniste de la GnRH qui entraîne une baisse de la production du taux d'œstrogènes, correspondant alors à celui d'une femme ménopausée. Le traitement par pycnogenol a permis de réduire les symptômes progressivement alors que le traitement par agoniste de la GnRH a réduit les symptômes plus efficacement. Néanmoins, 24 semaines après la fin du traitement, les symptômes semblaient se répéter dans les deux cas[23].

23. "Effect of French maritime pine bark extract on endometriosis as compared with leuprorelin acetate". Kohama T., Herai K., Inoue M. *J Reprod Med*. 2007 Aug; 52(8): 703-8.

Dosage recommandé : 60 mg par jour pendant six mois.

Les compléments que je recommande (au choix) :

- **Endomenat** (laboratoire Copmed), un complexe élaboré pour répondre aux besoins spécifiques de l'endométriose : deux gélules matin et soir,
- **Pycnogenol** (laboratoire VIT'All+) : une gélule par jour pendant le repas.

ATTENTION !

Le pycnogenol a une action hypotensive et hypoglycémiante.

Le calcium D-glucarate

Le calcium D-glucarate est un puissant détoxifiant des œstrogènes en excès et toxiques. On le trouve naturellement dans l'organisme. Il joue un rôle important dans la phase de détoxication hépatique et particulièrement dans l'élimination des œstrogènes (hormones stéroïdiennes) par l'intestin via les selles, d'où son intérêt pour l'endométriose[24].

Dosage recommandé : 1 500 mg par jour en trois doses pendant six mois.

Je recommande :

- **Calcium D-glucarate** (laboratoire Super Smart) : une gélule matin, midi et soir avant le repas.

24. "Calcium-D-glucarate". *Altern Med Rev.* 2002 Aug; 7(4): 336-9.

Minéraux essentiels et oligo-éléments

Ces substances, appelées micronutriments car notre corps en a besoin en petite quantité, n'ont pas de valeur énergétique mais elles sont essentielles à notre santé : elles régulent le métabolisme, facilitent la libération d'énergie. Certains oligo-éléments viennent interférer avec des hormones, en les inhibant ou en facilitant leur action. De nombreux oligo-éléments sont présents dans des réactions enzymatiques de l'organisme, notamment au niveau de la digestion et du système immunitaire. Le fluor (oligo-élément) va ainsi renforcer les tissus osseux et dentaires.

Plusieurs oligo-éléments jouent des rôles essentiels pour limiter la croissance de l'endométriose : le zinc, le manganèse, le calcium, le magnésium et le cuivre.

Vous pourrez notamment trouver ces oligo-éléments en unitaire ou en complexe auprès du laboratoire Catalyons : Manganèse-cuivre, Zinc-cuivre...

Le zinc

Il protège contre l'infertilité, en protégeant les follicules des risques d'oxydation, augmentant ainsi leur fertilité.

Il limite la production excessive d'œstrogènes par une meilleure synthèse de ces hormones.

On dit que le zinc a un pouvoir métastasique, c'est-à-dire qu'il va limiter la prolifération des lésions grâce à leur capacité à synthétiser des métalloprotéinases et il protège contre le stress oxydatif.

L'apport nutritionnel minimum recommandé par jour pour une femme est de 15 mg. Dans le cas de l'endométriose, il est conseillé de passer à 40 mg par jour pendant deux mois à renouveler après contrôle si besoin.

Les compléments que je recommande (au choix) :

- **Magferel** (laboratoire Santarel) : trois gélules le matin et le midi avant les repas,
- **Vitamines et minéraux** (laboratoire Herbolistique) : trois gélules le matin et le midi,
- **Endomenat** (laboratoire Copmed) : quatre gélules par jour à prendre en une ou deux prises, au moment des repas,
- **OxiDyn** (laboratoire Bionutrics) : un comprimé le matin et le midi avant les repas).

Sources alimentaires de zinc

En général, l'organisme absorbe de 15 à 40 % du zinc présent dans les aliments. L'huître est la plus chargée en zinc, sinon viandes, noix, légumineuses et céréales complètes.

Le manganèse

Le manganèse intervient dans la formation normale du tissu utérin. Il a une action antioxydante et anti-inflammatoire. Il va permettre de réduire la prolifération et l'implantation des lésions endométriosiques. Le manganèse agit également sur l'immunité en réduisant ses perturbations et il protège les cellules du stress oxydatif.

L'apport nutritionnel minimum recommandé par jour pour une femme est de 1,8 mg par jour. Pendant deux mois à renouveler après contrôle si besoin.

Les compléments que je recommande (au choix) :

▶ **Pollens et acariens** (laboratoire Herbolistique) : deux gélules matin, midi et soir,

▶ **Endomenat** (laboratoire Copmed) : quatre gélules par jour à prendre en une ou deux prises, au moment des repas.

Sources alimentaires de manganèse

Produits céréaliers, mollusques, légumineuses, légumes et noix.

Le cuivre

Le cuivre est un oligo-élément polyvalent, actif dans les états infectieux et inflammatoires. Il stimule puissamment les défenses naturelles des personnes immunodéprimées, les aidant à combattre microbes et virus. Il est indispensable au métabolisme cellulaire, agissant en tant que cofacteur dans un grand nombre de réactions enzymatiques. Néanmoins, en excès, ce minéral peut être un facteur aggravant sur certaines pathologies.

Une étude menée chez 72 femmes, dont 31 au stade III/IV et 41 femmes contrôlées, a mis en évidence que la concentration en cuivre intervenait dans l'endométriose puisque les femmes touchées par cette pathologie ont une concentration plus importante de cuivre[25]. Cet excès de cuivre favorise l'angiogenèse (croissance de nouveaux vaisseaux sanguins à partir d'un réseau capillaire existant) qui est impliquée dans l'inflammation et le développement de l'endométriose.

Il est donc fortement conseillé de contrôler son taux de cuivre avant d'envisager la prise de cuivre en complément. Il a été démontré par ailleurs que la supplémentation prolongée de zinc pouvait générer une carence en cuivre. Le rapport zinc/cuivre devrait être d'environ 8 pour 1.

Calcium et magnésium

Ces deux minéraux sont absolument indispensables en cas d'endométriose pour améliorer vos symptômes et votre état de santé général (stress, fatigue...).

La première source de ces minéraux est à rechercher dans votre alimentation mais, si cela ne suffit pas, je vous recommande quelques compléments alimentaires.

Le calcium est essentiel à plusieurs titres. Il intervient au niveau de la perméabilité des membranes cellulaires, de la coagulation du sang, des contractions musculaires et du maintien de la pression sanguine... Ses propriétés anti-inflammatoires sont intéressantes dans le cas de l'endométriose.

Attention à l'abus de sel, car celui-ci fait fuir du calcium dans les urines !

25. "Copper, ceruloplasmin and oxidative stress in patients with advanced-stage endometriosis." Turgut A., Özler A., Görük NY, Tunc SY, Evliyaoglu O., Gül T. *Eur Rev Med Pharmacol Sci.* 2013 Jun; 17(11): 1472-8.

Sources alimentaires de calcium

Légumes, surtout tous les choux, le brocoli, les haricots blancs..., oranges, figues, abricots secs et prunes, eau (Courmayeur, 576 mg/l ; Hépar, 549 mg/l ; Contrex, 468 mg/l ; Rozana, 301 mg/l), sardines, voire les laitages (de chèvre de préférence).

Compléments alimentaires que je recommande (au choix) :

- **Équilibre calcium** (laboratoire Biophenix) : deux gélules le matin et une gélule le soir au cours du repas, pendant deux mois, à renouveler après contrôle si besoin.
- **Vitamines et minéraux** (laboratoire Herbolistique) : trois gélules le matin et le midi, pendant trois mois.

Le magnésium est très connu pour ses vertus contre le stress. Il participe aussi au bon fonctionnement des artères, des muscles et des cellules nerveuses. Un autre point important est qu'il régule l'entrée du calcium dans la cellule et les liquides intracellulaires.

Sources alimentaires de magnésium

Les eaux minérales (Rozana, 160 mg/l ; Hépar, 110 mg/l), les oléagineux secs, les céréales complètes, les légumineuses, les noix, les légumes à feuilles vert foncé, le germe de blé, les fruits de mer.

Compléments alimentaires que je recommande (au choix, pendant trois mois) :

- **Magnésium marin synergisé** (laboratoire Copmed) : deux gélules par jour au cours du repas,
- **complexe Pidolate Calcium-Magnésium** (laboratoire Copmed) : trois gélules, trois fois par jour ;
- **Magnésium marin** (laboratoire La Royale) : deux gélules matin et soir avant les repas ;
- **MagOptimum** (laboratoire Herbolistique) : une gélule matin, midi et soir avant le repas ;
- **Vitamines et minéraux** (laboratoire Herbolistique) : trois gélules le matin et le midi.

Le fer

Un des symptômes de l'endométriose est des règles souvent hémorragiques. Les règles peuvent durer plus de sept jours et le flux excessif entraîne souvent des carences en fer, ce qui peut causer anémie, fatigue, essoufflement à l'effort et perte de cheveux.

Je vous recommande d'en parler à votre médecin si vous êtes dans ce cas afin qu'il vous fasse faire un dosage en ferritine pour évaluer vos éventuelles carences et d'y remédier par un traitement complémentaire.

Pour améliorer l'assimilation du fer, combinez des aliments riches en fer avec des aliments riches en vitamine C qui permet la transformation du fer héminique en une forme beaucoup plus assimilable par l'intestin. Il est recommandé d'apporter 75 mg de vitamine C au cours d'un repas pour augmenter jusqu'à 12 % l'absorption du fer.

Sources alimentaires de fer

Viandes rouges, volailles, poissons, œufs, légumineuses, céréales complètes (millet, avoine, blé) pommes de terre avec la peau, légumes verts, oléagineux et graines...

Sources alimentaires de vitamine C

Goyave, poivron rouge ou vert cru ou cuit, papaye, kiwi, persil, orange, mangue, brocoli cru ou cuit, choux de Bruxelles cuits, fraises, pamplemousse, ananas...

La spiruline est un excellent complément pour le fer. On la trouve en paillettes et en poudre. La ferme Alkal food propose de la spiruline bio de grande qualité. Il est conseillé d'en prendre 3 à 6 grammes par jour, pendant trois mois. Vous la trouverez aussi auprès de laboratoires comme Herbolistique (Fer complexe, trois gélules par jour matin et midi avant le repas) ou Santarel (Magferel, deux gélules le matin et le midi avant les repas). Pendant 3 à 6 mois.

PHYTOLOGIE ET AROMATHOLOGIE

Les plantes présentées ci-dessous ont des actions spécifiques. Certaines sont complémentaires. Elles sont particulièrement recommandées dans le cas de l'endométriose.

Ces plantes peuvent être utilisées en teinture-mère, extrait sec, en gemmothérapie (bourgeon de plante), en huile essentielle... en fonction de votre sensibilité.

ATTENTION !

Je vous recommande de vous faire conseiller par un professionnel de santé et de ne pas vous automédiquer afin d'être informée des éventuels risques et contre-indications des plantes, qui sont des substances puissantes.

L'approche par les plantes aura plusieurs objectifs :

Soutenir la fonction hépatique et dépolluer l'organisme

Chardon-marie, desmodium

Ces plantes aident à maintenir la bonne santé du foie et sont très favorables à de nombreux aspects de la fonction digestive. Elles vont éliminer en douceur les toxines accumulées dans l'appareil digestif (estomac, duodénum, intestin, côlon) et vont contribuer à purifier l'organisme.

Au choix, pendant trois mois :

- **complexe Chardon-marie + desmodium** (laboratoire La Royale) : deux gélules trois fois par jour avant les repas ;
- **Protection du foie** (laboratoire Herbolistique) : deux gélules trois fois par jour avant les repas.

Freiner l'hyperfolliculinie et réguler la sécrétion d'œstrogènes

Gattilier

C'est la plante la plus efficace pour stimuler la production de progestérone (progestérone-like) afin de maintenir les œstrogènes sous contrôle. Elle est un sédatif général et réduit le syndrome prémenstruel. C'est aussi un antispasmodique.

Au choix, pendant six mois :

- **Gattilier** (laboratoire La Royale) : une gélule par jour avant le repas ;
- **Cyclarel** (laboratoire Santarel) : deux gélules le matin et le soir avant les repas ;
- **Endomenat** (laboratoire Copmed) : deux gélules le matin et le soir avant les repas.

Framboisier

Grand régulateur de la fonction ovarienne et de l'équilibre œstrogènes progestérones.

Macérat de framboisier : 5 à 15 gouttes par jour (en dehors des repas) dans un grand verre d'eau pendant six mois que vous trouverez auprès de plusieurs laboratoires : Santarel, Herbolistique, La Royale.

Airelle jeunes pousses (bourgeons)

Appelée le bourgeon de la femme, elle a une action phytoestrogénique et antispasmodique.

Au choix, pendant six mois :

- **Airelle** (laboratoire La Royale) : une à deux gélules trois fois par jour (de préférence avant les repas) avec un grand verre d'eau ;
- **Airelle jeunes pousses** (laboratoire Herbolistique) : 15 gouttes par jour dans un verre d'eau (à distance des repas).

Calmer l'inflammation, la douleur et les crampes

Achillée millefeuille

C'est la meilleure plante décongestionnante de l'utérus. Elle apaise les crampes liées au cycle menstruel.

Au choix, pendant six mois :

- **Achillée millefeuille** (laboratoire La Royale) : une à deux gélules trois fois par jour (de préférence avant les repas) avec un grand verre d'eau ;
- **Cyclarel** (laboratoire Santarel) : deux gélules le matin et le soir avant le repas.

Cassis

Cette plante permet de freiner l'inflammation.

Au choix, pendant six mois :

- **Cassis bourgeons** (laboratoire Santarel ou Herbolistique) : 15 gouttes par jour dans un verre d'eau (à distance des repas) ;
- **Cassis** (laboratoire La Royale) : deux gélules trois fois par jour (de préférence avant les repas) avec un grand verre d'eau.

Calmer le flux hémorragique

Alchémille

L'alchémille est recommandée lorsque les règles sont abondantes.

Au choix :

- **Cyclarel** (laboratoire Santarel) : deux gélules le matin et le soir avant les repas ;
- **Bien-être menstruel** (laboratoire Herbolistique) : trois gélules le matin à jeun et trois le soir avant le dîner ;
- **Alchémille** (laboratoire La Royale) : une à deux gélules trois fois par jour (de préférence avant les repas) avec un grand verre d'eau pendant les règles ;
- **Roy-Eau Alchémille** (laboratoire La Royale) : deux ampoules par jour pures ou diluées dans un verre d'eau (de préférence avant les repas) pendant les règles.

Ginkgo biloba (bourgeons)

Le gingko biloba agit sur la microcirculation et a une action antioxydante majeure.

Au choix, pendant six mois :

- **Ginkgo Biloba** en gemmotherapie (laboratoires Santarel, Herbolistique, La Royale) : 15 gouttes le matin à jeun dans un verre d'eau. À commencer trois jours avant le début des règles ;
- **Élixir de ginkgo Biloba** (laboratoire La Royale) : deux doses (une dose = 2 ml) d'élixir trois fois par jour à diluer dans un grand verre d'eau pendant les repas. Selon votre préférence, vous pouvez également diluer de trois à six doses dans un litre d'eau afin de consommer cette préparation tout au long de la journée.

Apaiser le stress

Lavande vraie, orange douce, camomille noble (huiles essentielles)

Ce sont des calmants nerveux : on les utilisera en cas d'insomnie ou de nervosité (voir pages 93, 95 et 96).

Framboisier

Le framboisier a une action antispasmodique, régulatrice du système neurovégétatif.

Vous le trouverez en gemmothérapie auprès des laboratoires Santarel, Herbolistique, La Royale... 15 gouttes par jour dans un verre d'eau le matin à jeun pendant les épisodes de stress.

La Rhodiole

Elle est utilisée pour l'adaptation au stress et la fatigue nerveuse.

Au choix, pendant toute la durée de la période de stress :

- **Gestion des émotions** (laboratoire Herbolistique) : trois gélules le matin à jeun et trois gélules le midi avant le repas ;
- **Positirel** (laboratoire Santarel) : trois gélules le matin à jeun.
- **Laboratoire La Royale :** une gélule le matin à jeun.

Les complexes

Certains laboratoires proposent des compléments alimentaires spécifiques tout à fait intéressants pour l'endométriose. Ces complexes présentent l'avantage de minimiser la prise de compléments alimentaires et de réduire le coût associé.

Voici quelques exemples :

- **Endomenat (laboratoire Copmed)** qui contient : EGCG de thé vert, achillée millefeuille, racine de réglisse, fruit de myrobolan chébule, extrait d'écorce de pin maritime – Pycnogenol®, extrait de fruit de gattilier, zinc, sélénium, vitamine E et manganèse. Deux gélules le matin et deux le soir avant le repas, pendant 6 mois.

- **Cyclarel** (laboratoire Santarel) qui contient : extrait de brocoli, gattilier, millefeuille, alchémille vulgaire, chardon-marie, vitamine B6. Deux gélules le matin et le soir avant les repas ;
- **Bien-être menstruel** (laboratoire Herbolistique) qui contient : alchémille, hamamélis, gattilier, chardon-marie, zinc et vitamine B6. Deux gélules par jour le matin au lever du douzième jour du cycle au premier jour des règles pendant six mois ;
- Y associer, au choix, un complément à base d'acides gras polyinsaturés : **Complexe oméga-3 + 6** (laboratoire Herbolistique), deux gélules par jour au moment du repas. **Omegarel** (laboratoire Santarel), deux gélules au moment du repas du matin ou du midi. **Huile de Périlla** (laboratoire La Royale), 2 capsules par jour au moment du repas du matin ou du midi.

Les huiles essentielles

J'affectionne particulièrement cette préparation à base d'huiles essentielles, à appliquer en massage sur votre ventre :

Dans 10 ml d'huile végétale de votre choix (amande douce, noyaux d'abricot, pépin de raisin, jojoba), ajoutez :

- 5 gouttes d'huile essentielle de lavande vraie ;
- 5 gouttes d'huile essentielle d'encens ;
- 2 gouttes d'huile essentielle d'achillée millefeuille ;
- 2 gouttes d'huile essentielle de géranium.

Massez-vous le ventre avec cette huile, deux ou trois fois par semaine.

Vous trouverez ci-dessous une liste des huiles essentielles que vous pouvez utiliser. J'ai indiqué leurs actions par rapport aux symptômes possibles de l'endométriose mais les huiles essentielles citées ont un spectre d'activité très large et peuvent être utilisées pour bien d'autres maux. Si cela vous intéresse, je vous invite à vous procurer de la littérature sur le sujet afin de mieux connaître leur champ d'activité (je vous conseille quelques ouvrages en bibliographie à la fin du livre).

ATTENTION !

Utilisez les huiles essentielles avec précaution. Ce sont des essences très puissantes qui peuvent être dangereuses lorsqu'elles sont mal utilisées. Vérifiez que vous n'avez pas de risque d'allergie en mettant une goutte sur votre poignée et attendez 24 à 48 heures.

Ne les utilisez pas pendant les trois premiers mois de la grossesse. Si elles sont autorisées ensuite, certaines restent dangereuses, donc en cas de doute, renseignez-vous auprès d'un professionnel de santé.

Les huiles essentielles peuvent être employées en diffusion, en massage, en inhalation, en olfaction et par voie orale.

Mélangez-les toujours avec une base d'huile végétale si vous les utilisez en massage (2 gouttes dans une cuillère à soupe d'huile végétale).

Pour ce qui est de la diffusion, je vous recommande un diffuseur d'huile essentielle à nébulisation pour ne pas altérer la qualité des huiles essentielles. Il ne faut pas qu'elles soient chauffées. Mettez une quinzaine de gouttes environ dans le diffuseur

Basilic exotique (Ocimum basilicum)

En cas de douleurs très violentes pendant les règles. C'est un antispasmodique puissant et un décongestionnant de l'utérus qui apaise également les troubles digestifs.

En massage sur le ventre et le bas-ventre dès le premier jour des règles.

Camomille romaine (Chamaemelum nobile *ou* Anthemis nobilis)

Elle va apaiser les troubles nerveux (anxiété, stress), les migraines. C'est un anti-inflammatoire, antispasmodique, antiparasitaire.

En massage à l'endroit douloureux pour l'effet antispasmodique, dans le bain ou en diffusion pour apaiser les troubles nerveux.

Ciste ladanifère (Cistus ladaniferus)

C'est une huile antihémorragique puissante (règles puissantes), cicatrisante, régulatrice du système nerveux, antivirale et qui aide à soutenir l'immunité.

En massage sur le bas-ventre et le bas du dos pour réguler des règles hémorragiques, abondantes ; en olfaction si vous vous sentez fatiguée, nerveuse.

Épinette noire (Picea mariana ou nigra)

En cas de baisse de forme physique ou mentale. Lutte contre la fatigue profonde, joue un rôle d'anti-épuisement. Elle est également très anti-inflammatoire.

En friction au niveau des glandes surrénales (à hauteur des reins).

Encens (oliban)

Cette huile est antidéprime, calme l'angoisse, est un bon support pour trouver le calme et méditer. Elle soutient également l'immunité.

En olfaction et/ou en massage au niveau du thorax et du plexus solaire pour vous relaxer, méditer..., dans le bain pour apaiser une forte anxiété et stimuler votre système immunitaire.

Estragon (Artemisia dracunculus)

Cette huile essentielle est recommandée pour les problèmes gynécologiques et digestifs (à associer avec le basilic exotique). C'est un antispasmodique puissant.

En massage sur le ventre et le bas-ventre.

Gaulthérie couchée (Gaultheria procumbens)

Cette huile antispasmodique est idéale pour les troubles gastro-intestinaux. À utiliser en massage pour tous types de douleurs inflammatoires.

En diffusion pour vous donner une énergie positive et dans le bain pour une détente musculaire et cérébrale.

Géranium rosat (Pelargonium asperum)

Cette huile est utile pour les troubles liés à la ménopause. C'est un équilibrant hormonal et nerveux, ainsi qu'un hémostatique puissant (règles abondantes ou gencives qui saignent).

En massage sur le thorax et le plexus solaire ou dans le bain pour vous détendre le corps et l'esprit.

Gingembre (Zingiber officinalis)

Cette huile soulage les nausées. C'est un antifatigue mental, physique, nerveux et sexuel. Elle redonne du tonus, freine la chute des cheveux et lutte efficacement contre la constipation.

En massage sur le ventre pour tonifier le système digestif, en diffusion pour redonner une belle énergie de vie et avoir confiance en soi.

Lavande vraie (Lavandula angustifolia)

L'huile essentielle de lavande vraie est un calmant nerveux : on l'utilisera (sous toutes ses formes) en cas d'insomnie, de nervosité.

Elle est anti-inflammatoire et lutte contre tous les types de spasmes, quelle que soit leur origine : musculaire, digestive (nausées), respiratoire.

C'est un remarquable antidouleur (mal de tête, douleur vertébrale).

Elle augmente la sécrétion gastrique et la motricité intestinale : on l'utilisera en cas de digestion trop lente ou mauvaise.

Menthe poivrée (Mentha piperita)

Cette huile antispasmodique et anti-maux d'estomac aide à digérer et lutte contre les vomissements. Puissant antidouleur, anti-infectieuse, fongicide, analgésique et anesthésiante. Cette régulatrice hormonale. C'est également un bon stimulant général, nerveux et sexuel.

En diffusion pour favoriser l'effort intellectuel et la concentration, en massage pour décontracter les zones de tension.

Orange douce (Citrus sinensis)

Cette huile calme et induit le sommeil. Elle aide à retrouver goût à la vie et stimule le système digestif : on l'utilisera pour soulager des flatulences, des crampes ou des spasmes intestinaux, pour calmer un estomac noué ou faciliter la digestion. Elle est aussi anti-inflammatoire et antiseptique.

Dans le bain, en massage sur le thorax et le plexus solaire ou en diffusion pour apporter de l'apaisement au corps et à l'esprit.

Rose de Damas (Rosa Damascena)

Cette huile aphrodisiaque booste la sexualité dans les cas de frigidité et d'impuissance. Elle est intéressante pour les dérèglements digestifs en régulant l'appétit, elle apaise le feu du foie et l'organisme en général. C'est aussi un puissant harmonisant psycho-émotionnel en cas d'anxiété, elle amène le lâcher-prise.

En massage au niveau du plexus solaire et du ventre, en olfaction ou dans le bain pour se calmer et s'apaiser.

Ylang-ylang (Cananga odorata)

Cette huile antispasmodique agit aussi comme aphrodisiaque. C'est l'huile essentielle de la bonne humeur : elle déclenche joie, sensualité et euphorie. Elle aide au lâcher prise. Elle sera aussi d'une grande aide pour accompagner les soucis gynécologiques de la sphère physique et psychique.

En diffusion, elle apaise les esprits ; en massage du ventre, elle a une action régénératrice des tissus.

L'EXERCICE PHYSIQUE

Lorsque l'on parle d'activité physique, il s'agit de la mise en mouvement de son corps. On peut donc tout comptabiliser, c'est-à-dire l'exercice physique de la vie quotidienne (travail, maison, transport...), l'activité physique de loisirs et la pratique d'un sport. L'idée est qu'en cumulant le tout, vous arriviez à l'équivalent de 30 minutes minimum de marche par jour.

Vous pouvez vous aider des applications via les montres connectées et les téléphones portables pour suivre votre activité physique et vous fixer des objectifs pour augmenter progressivement le temps que vous y consacrez.

Pourquoi le sport est-il bénéfique pour l'endométriose ?

L'activité physique et sportive quotidienne est un élément clé de la santé à tous les âges. Elle augmente significativement la qualité de vie, est un formidable allié pour vos défenses immunitaires et diminue la mortalité.

L'activité physique constitue un facteur majeur de prévention de nombreuses maladies chroniques, cardio-vasculaires ou dégénératives...

Pour les femmes atteintes d'endométriose, une activité physique douce et régulière est un élément majeur de l'accompagnement de cette pathologie. Il est en effet important de réactiver les échanges cellulaires et circulatoires pour la nutrition des cellules et l'élimination des toxines.

L'activité physique va aussi grandement participer à l'amélioration de votre santé mentale : dépression, anxiété, stress... grâce à la libération d'endorphines qu'elle procure. Cela sera bénéfique pour la gestion de la douleur et votre moral.

Oui, mais quoi ?

Marche, aquagym, yoga, Pilate, gym sensorielle, danses orientales, qi gong de la femme, taï chi... sont tout à fait adaptées à l'endométriose. Si votre niveau d'énergie vous le permet, vous pourrez cependant vous essayer à des activités physiques plus intenses comme les danses africaines qui permettent de remettre de l'énergie, de la vie dans la zone du petit bassin, zone souvent engorgée.

Néanmoins, lorsque les douleurs sont particulièrement intenses, il faut que vous adaptiez la pratique de votre activité à vos symptômes. Selon la localisation de vos lésions, il est probable que vous ne puissiez effectuer que des exercices sur le haut du corps (bras, épaules). Dans certains cas, il est préférable de cesser toute activité physique jusqu'à la disparition des troubles.

Gardez en tête que l'objectif est de vous renforcer corporellement et mentalement, dans la bienveillance envers vous-même.

MON RITUEL EXPRESS DU MATIN : RÉVEIL ÉNERGÉTIQUE

Placez-vous dans un endroit calme et qui vous apaise. Enlevez vos bijoux, portez une tenue légère et confortable.

Posture de départ

- Ancrez vos pieds au sol et pliez légèrement les genoux. Pensez à décambrer le bas du dos en faisant une rétroversion du bassin.
- Votre cou doit être bien axé dans le prolongement de votre colonne et le menton légèrement rentré. Paumes de mains tournées face vers l'avant, les bras le long du corps.
- Prenez le temps de conscientiser votre respiration puis, à l'expir, laissez sortir le son « OM ».
- Recommencez 3 fois.

Détente des vertèbres

- Toujours la tête bien axée, en maintenant une respiration consciente, faites « oui » et « non », 8 fois.
- Puis, tête légèrement en avant et légèrement en arrière (comme la poule), 8 fois.

▶ Enfin, faites une rotation en arc de cercle dans un sens, puis dans l'autre, 8 fois.

Cet exercice est à faire très très doucement afin de sentir se détendre en profondeur toute la zone du cou jusqu'aux premières dorsales. N'allez jamais trop loin, arrêtez-vous dès que vous ressentez une gêne ou une légère douleur.

Détente des trapèzes

▶ Faites une pause puis replacez votre conscience dans votre respiration.

▶ Montez et descendez les épaules huit fois chacune puis même exercice vers l'avant puis vers l'arrière puis en rotation.

▶ Arrondissez le haut du dos en fermant la poitrine à l'expir, puis ouvrez la poitrine à l'inspir et contractez vos abdominaux, 8 à 10 fois.

▶ Ensuite, posez vos mains sur vos trapèzes en croisant les bras (main gauche sur épaule droite et vice versa). Massez lentement et en rythme avec votre respiration, 8 à 10 fois.

▶ Écartez légèrement les bras de votre buste. Regroupez le pouce, l'index et le majeur de la main droite et venez tapoter le creux au milieu de votre poitrine, une dizaine de fois.

▶ Continuez à tapoter en formant une ligne du creux de la poitrine vers l'épaule gauche. Faites 4 allers-retours.

▶ Fermez votre poing droit et tapotez le long de l'intérieur de votre bras jusqu'à la main, faites-en le tour et repartez vers l'extérieur en remontant sur l'extérieur du bras jusqu'à l'épaule. Faites 4 allers-retours.

▶ Toujours le poing fermé, remontez sur le trapèze gauche, la tête légèrement inclinée vers la droite, faites 4 allers-retours.

▶ Toujours le poing fermé, levez le bras gauche et tapotez en descendant le long de votre flanc gauche, faites 4 allers-retours.

▶ Procédez de la même manière sur le côté droit.

- Puis penchez-vous légèrement vers l'avant en fléchissant un peu plus les jambes et, poing fermé, tapotez en remontant du haut des fesses jusqu'au bas de vos côtes de chaque côté de la colonne vertébrale (sur vos surrénales). Faites 4 allers-retours.
- Puis, toujours le poing fermé et dans la même position, tapotez de chaque côté de vos fesses et descendez le long de la jambe jusqu'aux chevilles par l'extérieur, passez sur votre cou-de-pied et remontez par l'intérieur des jambes jusqu'à l'aine. Faites 4 allers-retours.
- Redressez-vous tout doucement, vertèbre après vertèbre, pour vous replacer bien droite.

LA GESTION DU STRESS

Il ne fait aucun doute aujourd'hui que le stress, sous toutes ses formes, augmente l'inflammation et par conséquent la douleur. En effet, des états de stress répétés provoquent une réaction de défense naturelle de l'organisme comme s'il devait faire face à un intrus ou une menace pour sa survie de laquelle il se protège en générant de l'inflammation. Lorsque cette inflammation devient chronique, elle peut s'attaquer à votre organisme en provoquant des pathologies.

Il est donc important d'apprendre à mieux gérer son stress afin d'éviter de faire encore plus flamber sa pathologie.

Pour commencer, il faut apprendre à vivre avec sa pathologie, arrêter de la combattre et donc l'accepter. Essayez de l'accompagner et d'être à l'écoute de votre corps, de ses réactions, pour mieux adapter les techniques complémentaires que vous choisirez.

L'endométriose étant une pathologie épuisante physiquement et moralement, les femmes atteintes souffrent souvent de fatigue chronique et ont besoin de plus de repos. Il faut donc prendre en compte la gestion psycho-émotionnelle de la maladie et apprendre à diminuer son stress.

Identifiez les activités qui vous soulagent, vous apaisent et inscrivez-vous à des cours hebdomadaires pour faire de la gestion de votre stress une habitude régulière, ce qui améliorera votre qualité de vie. Parmi celles que je peux vous recommander : yoga, sophrologie, relaxation, méditation, méditation de pleine conscience, relaxation guidée, massages, qi gong, taï chi, marche en forêt, marche nordique...

Vous pouvez en réaliser certaines chez vous en vous laissant guider par des enregistrements que vous trouverez sur Internet ou dans des livres (je pense notamment à la méditation, la sophrologie, la relaxation guidée). À vous de créer un environnement apaisant (bougies, senteurs, lumières douces, calme...) pour favoriser votre séance de détente.

Ces techniques seront encore plus puissantes si vous les accompagnez par l'aromathologie. Il vous suffit pour cela d'utiliser des huiles essentielles apaisantes et ressourçantes...

L'huile essentielle d'encens (résine du Boswellia) agit sur la paix intérieure, l'acceptation des grands changements de la vie. Mettez-en deux gouttes au niveau du plexus solaire et massez tous les jours pendant 30 jours.

L'huile essentielle de citron (zeste) en diffusion (une dizaine de gouttes dans le diffuseur) amène la légèreté mentale et purifie l'air des charges émotionnelles.

L'huile essentielle de rose de Damas est un puissant harmonisant psycho-émotionnel en cas d'anxiété, de dépression...

Diluez deux gouttes dans une cuillère à soupe d'huile végétale et massez la région du cœur et du plexus. Vous pouvez l'utiliser aussi en diffusion (2 % diluée dans de l'alcool aromatique).

L'huile essentielle d'orange douce (*citrus aurantium* var. *dulcis*) détend l'atmosphère en cas d'anxiété et de nervosité. Elle active l'intuition, invite à oser faire, renforce le lâcher prise… À utiliser en diffusion (une quinzaine de gouttes), ne pas l'utiliser pure sur la peau car cette huile est phototoxique (irritante cutanée) mais mélangez-en deux gouttes dans une cuillère à soupe d'huile végétale.

LES BAINS DÉRIVATIFS

Le bain dérivatif est une technique d'hygiène de vie ancestrale et naturelle, popularisée ces dernières années par France Guillain, qui contribue à la régénérescence de l'organisme en profondeur.

La pratique des bains dérivatifs vous assure une meilleure résistance aux variations de température, un meilleur sommeil, une bonne résistance aux infections, une plus grande énergie… Son objectif est de favoriser la détoxication du corps en évacuant les pollutions alimentaires (graisses, déchets…) et environnementales.

Cela consiste à rafraîchir la région du périnée, les deux plis linguinaux et ainsi d'abaisser la température interne et de rendre mobiles les intestins et l'ensemble des fascias (membranes fibreuses recouvrant les muscles). Cela peut être fait avec un gant de toilette et de l'eau très froide ou avec des poches de gel refroidies au congélateur (les poches yokool® de France Guillain sont très bien).

Si vous faites cela au gant, asseyez-vous dans la baignoire (ou la douche ou le bidet) et passez-vous soit de l'eau très froide, soit un gant humide sur les parties génitales et le périnée, en prenant soin de ne pas prendre froid en maintenant la pièce à bonne température.

À mon sens, le plus pratique sont les poches yokool®. Cette poche est à placer au congélateur pendant au moins 2 heures afin de la rafraîchir. Puis, vous la posez au fond de votre slip, à plat ou, pour plus de confort, entre votre slip et votre pantalon pendant que vous travaillez, ou que vous regardez un film (si vous êtes en jupe ou en robe, vous pouvez mettre un shorty et placer la poche entre votre slip et votre shorty). En fonction de la poche que vous aurez choisie (durée de 30 minutes ou une heure), vous la remplacerez régulièrement pour tenir la journée, raison pour laquelle France Guillain vous recommande d'acheter au moins quatre poches pour tenir la journée. La durée de vie d'une poche est d'environ 9 ans, cela représente donc un faible investissement de départ car les poches ne sont pas très chères (20 € la poche).

France Guillain préconise de le faire au moins 3 heures par jour. Dans le cas de l'endométriose, il est recommandé de les porter 6 heures par jour, ainsi que la nuit, pendant trois mois pour effectuer un nettoyage en profondeur de l'organisme et relancer l'énergie de vie. Vous verrez les effets très rapidement, ce qui vous encouragera à maintenir ce rythme. Puis vous pourrez passer à 3 heures par jour. Cela doit faire partie de votre hygiène de vie quotidienne.

Si, toutefois, il vous était difficile de les porter aussi longtemps et régulièrement, sachez que même si vous ne le faites que quelques heures par semaine, cela sera quand même bénéfique pour votre corps. Dès que vous avez le temps, portez une poche aussi longtemps que vous le pouvez.

CHAPITRE 4

LA FERTILITÉ

La moitié des infertilités serait liée à l'endométriose. Plusieurs études montrent des liens épidémiologiques entre endométriose et fausses couches et on observe que certaines lésions endométriosiques sont retrouvées sur les membranes fœtales (poche qui entoure le bébé), ce qui a pour conséquence des accouchements prématurés, des problèmes au cours de la grossesse...

Comme nous l'avons évoqué dans le chapitre 1, les théories pouvant expliquer le lien entre endométriose et problèmes de fertilité (sachant qu'aucune n'est scientifiquement prouvée actuellement) sont les suivantes :

- Une sorte de barrière se créerait du fait de la multiplication des tissus non sollicités, y compris de kystes.
- Les caractéristiques hormonales et génétiques des patientes souffrant de la maladie seraient incompatibles avec un utérus acceptant la fécondation.

Si vous souhaitez avoir un enfant et que vous souffrez d'endométriose, il est donc important de préparer votre « terrain » pour mettre toutes les chances de votre côté, en appliquant une hygiène de vie saine.

Or, l'approche holistique que préconise la naturopathie est tout à fait en faveur de cette hygiène de vie.

La fertilité repose essentiellement sur un terrain sain, un bon équilibre hormonal et un état psycho-émotionnel optimal ! Vous devez donc prêter attention à quatre points essentiels qui sont :

- une alimentation de qualité, hypotoxique et anti-inflammatoire ;
- un corps détoxifié ;
- un corps en mouvement grâce à l'exercice physique ;
- savoir vous détendre lorsque vous vous sentez stressée et ralentir pour mieux accueillir cette grossesse.

Ces points ayant été développés plus haut, je les reprendrai rapidement ici avant de vous donner quelques conseils complémentaires pour améliorer votre fertilité.

UNE ALIMENTATION DE QUALITÉ, HYPOTOXIQUE ET ANTI-INFLAMMATOIRE

Je vous ai présenté plus haut les bases d'une alimentation saine, hypotoxique et anti-inflammatoire. En appliquant ces recommandations, vous ressentirez assez rapidement un mieux-être, principalement au niveau digestif et sur vos douleurs. À plus long terme, cette nouvelle hygiène alimentaire vous apportera des nutriments (protéines, lipides, glucides, vitamines, oligo-éléments, minéraux) de qualité que vous assimilerez bien mieux. Vous nourrirez vos cellules en profondeur, ce qui ne tardera pas à se faire ressentir sur votre état de fatigue qui s'améliorera. Vous allez retrouver peu à peu de la vitalité.

De plus, en améliorant votre terrain avec une flore bactérienne de qualité et une minéralité à la hausse, vous donnerez à votre enfant un meilleur capital santé.

Pour résumer, les points essentiels à une bonne hygiène alimentaire sont :

- aliments hypotoxiques, biologiques ;
- aliments non raffinés(100 % sucre de canne, fleur de sel...) et non transformés (éviction des plats préparés) ;
- faible consommation de gluten ;
- faible consommation de lait de vache (lui préférer les fromages de chèvre au lait cru) ;
- alimentation riche en fibres (légumes, fruits secs...) ;
- consommation de légumes verts riches en chlorophylle ;
- aliments riches en probiotiques pour favoriser, entre autres, une bonne digestion (légumes, céréales et légumineuses) ;
- acides gras polyinsaturés : oléagineux, huile d'onagre, colza, sésame, germe de blé, noix, poissons... ;
- aliments lacto-fermentés favorisant la digestion et riches en prébiotiques : kéfir, kombucha, légumes fermentés, jus de légumes ;
- hydratation : eau de source (au moins 1,5 l/jour) ;

- manger dans le calme, assise et en conscience ;
- importance de la mastication : réduisez en bouillie vos aliments avant de déglutir afin de faciliter la digestion ;

En complément de cette hygiène alimentaire, pour favoriser votre digestion si celle-ci est ralentie, vous pouvez :

- vous faire un automassage du ventre pour améliorer la digestion ;
- marcher après les repas : la position debout facilitera le travail de l'estomac car il sera moins comprimé, les muscles de l'intestin seront détendus, facilitant ainsi la descente du bol alimentaire.

Pour une alimentation spécifique en faveur de la fertilité, je vous recommande de :

- limiter tous les sucres rapides à indice glycémique élevé : l'hyperinsulinémie chronique générée par l'absorption de sucre augmente la production d'hormones androgènes ; or, pour favoriser la fertilité, on cherche au contraire à faire baisser leur production ;
- privilégier les huiles riches en oméga-3 : huile d'onagre (si insuffisance de progestérone), poissons gras, colza, carthame, lin... ;
- limiter la viande rouge, privilégier les viandes maigres, les poissons, les œufs... ;
- favoriser les aliments antioxydants riches en bêtacarotène (légumes et fruits rouges, orange...) car le stress oxydatif freine la fertilité ;
- consommer du pollen frais de châtaigner congelé si vous n'êtes pas allergique aux produits de la ruche. En effet, il a des

vertus antioxydantes puissantes et il est un régulateur hormonal féminin ;

- consommer du germe de blé en paillettes : antioxydant très riche en vitamines et minéraux, notamment en vitamine B9 qui est importante pour le bon développement de votre bébé en cas de grossesse ;
- pour les hommes, consommer du lycopène (tomates cuites, pamplemousses roses, pastèques, goyaves, abricots secs...) qui améliore la qualité des spermatozoïdes.

Concernant **les vitamines et les minéraux importants pour booster la fertilité,** faites faire au préalable un test par votre médecin avec dosage des vitamines et minéraux suivants : vitamines E, A, B9, magnésium, calcium, manganèse, zinc... qui interviennent sur la fertilité afin d'évaluer vos carences éventuelles. Puis, en fonction de celles-ci, privilégiez les aliments suivants :

- vitamines : légumes et fruits crus en jus ou en morceaux ;
- magnésium : algues, germe de blé, amandes, cacao ;
- calcium : amandes, sésame, cresson, poireaux ;
- manganèse : sésame, gingembre ;
- zinc : huîtres, harengs ;
- vitamine B9 : légumes verts ;
- vitamine E : germe de blé et huile de germe de blé ;
- vitamine A : huile de poissons ;
- acides aminés : spiruline, pollen.

DÉTOXIFIER SON CORPS

La détox du corps est primordiale avant d'envisager une grossesse. Il est en effet essentiel de nettoyer son corps en profondeur pour accueillir bébé dans les meilleures conditions. En revanche, cette détox ne doit pas être faite si vous êtes enceinte car elle contre-indiquée en raison de risques de fausses couches.

En complément des techniques présentées dans le chapitre concerné et dans le cas de problème de fertilité, je recommande de :

- soutenir les émonctoires (reins, foie, intestins, poumon, peau) avec des tisanes de persil, poudre de plantes pour les reins et la rate (chardon-marie, ortie, pissenlit, ginseng) ;
- soutenir le péristaltisme intestinal avec des aliments riches en fibres et en eau ;
- faire des cataplasmes d'huile de ricin sur le bas-ventre ;
- limiter les céréales qui sont encrassantes pour l'intestin et pro-inflammatoires, notamment le blé qui est riche en gluten ;
- soigner la qualité de votre microbiote en effectuant un nettoyage de l'intestin et du côlon : reposez-vous, modifiez votre alimentation avec des fibres, des minéraux, des aliments vivants... consommez des aliments lacto-fermentés non stérilisés, utilisez des probiotiques, consommez des enzymes digestives pour bien décomposer la nourriture ;
- travailler sur l'équilibre acido-basique : l'utérus est principalement alcalin ;

- se brosser régulièrement la peau à sec avec une brosse de massage en matière naturelle le matin, l'objectif étant d'activer la circulation sanguine et de favoriser la sudation ;
- respirer profondément, vous oxygéner en pleine nature.

METTRE SON CORPS EN MOUVEMENT GRÂCE À L'EXERCICE PHYSIQUE

Comme pour l'endométriose, il est fortement conseillé pour tout problème de fertilité de mettre son corps en mouvement, de s'oxygéner, de se détendre…

Il s'agit aussi de mettre en mouvement spécifiquement la zone du petit bassin (grâce au qi gong, taï chi, yoga, à la danse africaine…) pour en relancer l'énergie de vie appelée, en énergétique chinoise, le Chi.

SAVOIR VOUS DÉTENDRE LORSQUE VOUS VOUS SENTEZ STRESSÉE

En cas de stress, n'hésitez pas à avoir recours aux huiles essentielles conseillées dans le chapitre « La gestion du stress » (page 101).

Créez !

Au quotidien, pratiquez une activité qui vous apaise (yoga, relaxation…) et stimulez votre expression créative !

Plus vous aurez envie de créer, plus la création se fera… Explorez de nouvelles activités, de nouvelles approches corporelles afin de trouver celle qui vous convient le mieux. Cela concerne autant les activités créatrices comme la peinture, le dessin, la musique, la couture, la poterie... que des activités corporelles comme le qi gong, le taï chi, la course à pied, la natation, l'aquagym, la gym douce... ou spirituelles comme la sophrologie, la méditation, l'hypnose...

Sophrologie

Il s'agit d'une technique psychocorporelle qui associe le mental et le corps. On travaille la respiration, le mouvement et le mental avec la visualisation.

L'objectif est d'apprendre à vous détendre lorsque vous vous sentez stressée, cela vous aidera à mieux gérer vos émotions, votre sommeil...

L'objectif est d'être à l'écoute de son corps, de travailler sur le lâcher prise, de laisser libre cours à la vie, d'essayer de ne pas être dans un contrôle permanent. La procréation n'est pas une science exacte. Les aspects psychologiques peuvent avoir leur importance.

C'est une technique qui s'acquiert avec l'entraînement. Il est recommandé de faire une séance par semaine pendant plusieurs mois pour réussir à lâcher prise et à se détendre.

En sophrologie, il est possible de travailler en couple afin de partager ces moments, cela apportera des résultats d'autant plus efficaces.

LES PLANTES POUVANT ACCOMPAGNER LES PROBLÈMES DE FERTILITÉ

Les plantes pour aider la fertilité sont les suivantes :

- **huile de ricin en externe :** stimule les capacités d'autorégénération de l'organisme en général et du système reproducteur en particulier. En massage sur la zone basse du corps, et en cataplasme à garder toute la nuit ;

- **dong quai** (angélique chinoise) : cette plante extraordinaire en infusion est un tonique utérin. À arrêter dès que vous êtes enceinte ;

- **racine de maca** (1,5 gramme par jour dans un jus de fruits ou de légumes) et **ashwagandha** (350 mg en extrait en poudre ou 125 mg en extrait sec), une à deux fois par jour pendant deux mois à renouveler : nourrit, renforce. Action très favorable sur le système endocrinien ;

- **chardon-marie** (entre 200 mg et 600 mg par jour), *desmodium ascendens* (0,5 mg par jour), pour soutenir votre foie pendant trois à six mois afin de l'aider à éliminer les œstrogènes en excès ;

- **fenugrec** (en graines germées) : booste la fertilité et améliore la qualité du lait. Prendre de 500 mg à 1 gramme par jour en capsules de graines séchées en poudre ou en extrait standardisé, la posologie dépend du fabricant car la standardisation varie d'un extrait à l'autre ;

- **ortie :** plante de la fertilité. Prendre de 300 mg à 700 mg, trois fois par jour en extrait solide en capsules ou comprimés ou en extrait fluide de 2 à 5 ml trois fois par jour ;

- **feuille de framboisier :** permet un bon nettoyage et la reminéralisation de la zone du petit bassin. En infusion, prendre 1 gramme de feuilles de framboisier par tasse ;

- **damiana :** plante qui favorise la libido et prépare à l'accouchement. À prendre en teinture-mère, 40 gouttes trois fois par jour dans un peu d'eau en dehors des repas ou en capsules, 400 mg avant le déjeuner et 400 mg avant le dîner ;

▶ **gattilier :** plante féminine par excellence, nettoie toute la sphère utérine. Elle existe sous différentes formes. Pour des préparations sèches dosées de 0,6 à 1 % de casticine, prendre 2 à 4,5 mg par jour. Pour des extraits dosés entre 0,5 et 6 % d'agnuside, prendre entre 1 et 4 mg de préparation par jour. Si vous la prenez en baies séchées broyées, 30 à 40 mg par jour. Les dosages des teintures dépendent de la préparation et sont indiqués par le fabricant. Pendant trois mois à renouveler, à arrêter dès que vous êtes enceinte.

Pour les hommes, la qualité du sperme est essentielle. Deux points sont à travailler :

▶ changement alimentaire recommandé (voir ci-dessus) : ils sont aussi exposés aux perturbateurs endocriniens via l'alimentation ;

▶ amélioration de l'hygiène de vie : ils sont exposés aux ondes, aux pesticides...

Plantes recommandées pour les hommes pendant la période de préparation à la grossesse :

▶ **l'ashwagandha** augmente la production d'hormones sexuelles, stimule la libido. En gélules, la posologie est de 350 mg (extrait en poudre) ou de 125 mg (extrait sec), une à deux fois par jour ;

▶ **la maca** accroît la fertilité et la vigueur sexuelle : 1,5 à 3 grammes par jour de racine de maca en gélule ou en poudre à mettre dans un jus ;

▶ **le *Tribulus terrestris*** pour accompagner les dysfonctionnements de la sphère sexuelle et l'infertilité : 650 mg à 1 200 mg d'extrait sec ;

- **le Saw palmetto** assainit la prostate et les testicules. En extrait normalisé, prendre 160 mg deux fois par jour pendant au moins trois mois ;
- **les baies de gogi** accroissent la fertilité : 10 à 20 grammes de baies séchées par jour ;
- **le ginkgo biloba** agit sur les problèmes d'érection : 400 à 800 mg d'extrait normalisé par jour répartis en deux ou trois prises au moment des repas pendant trois mois.

LES ÉLIXIRS FLORAUX ET HUILES ESSENTIELLES

Les élixirs floraux de figuier, courgette ou pastèque sont en lien avec la fertilité : 5 à 15 gouttes par jour, en dehors des repas, pur ou dilué dans de l'eau de source pendant trois mois avec une semaine d'arrêt tous les mois.

Les fleurs de Bach sont également intéressantes. Il existe des complexes « féminité » comme Féminité woman de chez Élixir & Co qui agit sur la féminité, la fécondité. Prenez deux gouttes quatre fois par jour diluées dans un verre d'eau ou directement sur la langue.

Sinon, je recommande de voir un thérapeute spécialisé en fleurs de Bach car il existe de nombreux élixirs et combinaisons qui doivent être adaptés à votre personnalité.

Les huiles essentielles de la féminité qui sont plus subtiles comme la rose, le lilas, l'ylang-ylang, la bergamote, le géranium rosat, le néroli... sont à utiliser en massage sur le ventre et le plexus solaire (deux gouttes dans une base d'huile végétale ou dans une crème pour le corps), ou 10 à 15 gouttes dans un diffuseur d'huile essentielle.

TECHNIQUES COMPLÉMENTAIRES

Hydrologie

Citons notamment :

- la douche écossaise qui sera stimulante (alternance d'eau chaude et d'eau froide sur le corps) ;
- les bains dérivatifs pour stimuler les glandes surrénales, la vitalité, la fertilité (voir page 103) ;
- bouillotte chaude sur le foie pour le soutenir ;
- pour les femmes : bains chauds, relaxation.

Réflexologie plantaire

Cette technique énergétique consiste à effectuer des pressions au niveau de la plante des pieds avec les doigts ou avec un stylet sur des zones réflexes très précises. L'information se propage grâce à l'influx nerveux.

Sur les pieds, on retrouve toutes les zones du corps que le réflexologue va travailler en fonction de vos dysfonctionnements internes. Dans le cas de problèmes de fertilité, il insistera sur la zone du petit bassin, du plancher pelvien pour retrouver une mobilité de celui-ci car un blocage du bassin peut perturber l'implantation de l'embryon. Il travaillera également les points réflexes de l'appareil reproducteur : ovaires et utérus, trompes de Fallope… (testicules pour les hommes), glandes endocrines…

À recommander autant pour la femme que pour l'homme.

CHAPITRE 5

LA SEXUALITÉ

La difficulté de la sexualité en cas d'endométriose est souvent abordée. Troubles du désir liés au traitement, sécheresse vaginale, douleurs pendant les rapports… sont le lot quotidien de beaucoup de femmes souffrant d'endométriose.

Afin de vous déculpabiliser quant à la baisse de la libido et/ou les problèmes de lubrification dont vous pouvez souffrir, sachez que si votre médecin vous a prescrit un traitement hormonal progestatif, celui-ci bloque l'ovulation et la menstruation afin de faire baisser les taux d'œstrogènes qui sont aussi les principaux acteurs du désir sexuel et de l'excitation.

Voici quelques plantes pour booster votre désir sexuel :

- **l'éleuthérocoque** (ou ginseng russe) est un très bon stimulant physique, il tonifie l'organisme et contribue à augmenter la libido et à entretenir une bonne « santé sexuelle ». Prendre 1 500 mg par jour d'extrait de racine en poudre pendant un mois (laboratoires herbolistique, La Royale…).

▶ **la maca** est un des meilleurs stimulants pour une sexualité épanouie, et est très utile aussi pour un meilleur tonus physique. Prendre 1 500 mg par jour d'extrait de racine en poudre pendant un mois (laboratoires La Royale, Copmed...).

▶ **le ginseng** augmente le niveau des bêta-endorphines, il aide à soutenir l'énergie et la vitalité sur le plan physique et intellectuel et permet ainsi d'améliorer les performances sexuelles. Prendre 1 800 mg d'extrait de racine en poudre par jour pendant un mois (laboratoires Herbolistique, La Royale, Copmed...).

Dans certains cas où la chirurgie a été nécessaire et a impliqué une ménopause forcée du fait de l'intervention sur les ovaires, vous souffrirez de certains symptômes liés à la ménopause : bouffées de chaleur, sécheresse vaginale, etc. D'autres organes peuvent être touchés tels que le rectum, ce qui aura des répercussions sur la sexualité, du fait de stomies par exemple (petite ouverture au niveau du ventre en vue de permettre l'évacuation des selles et des gaz ou des urines).

Les formes d'endométriose sont tellement variées que chaque femme vivra sa sexualité différemment. La première chose à faire est d'en parler à votre partenaire si vous souffrez pendant les rapports sexuels afin de ne pas appréhender ces moments qui doivent être du plaisir. La peur d'avoir mal altère profondément la libido et ne vous met pas dans un climat de détente. Échanger dans le couple est donc primordial pour éviter les frustrations de part et d'autre ainsi que pour expliquer ce qui fait plaisir ou moins plaisir, ce qui est douloureux, ce qui l'est moins, si la fréquence des rapports est satisfaisante, etc.

La sexualité est suffisamment vaste pour imaginer d'autres pratiques que la pénétration. Soyez inventive, et vous constaterez que cette nouvelle sexualité se verra enrichie car elle vous poussera à faire preuve d'imagination.

Voici quelques réflexions et conseils sur la manière dont vous pouvez aborder votre sexualité en cas d'endométriose.

- La toute première chose est de ne pas appréhender l'acte sexuel. Détendez-vous à l'aide d'exercices de respiration abdominale, de yoga ou de qi gong, faites une séance de sophrologie, de méditation… ou tout autre exercice ou pratique qui pourrait vous détendre et vous faire sentir bien (bain, douche chaude…). Plus vous aborderez ce moment avec douceur et conscience, mieux vous vous sentirez.

- Communiquez avec votre partenaire afin de le guider et, le cas échéant, prenez la main pour qu'il identifie mieux ce qui vous fait du bien.

- Intéressez-vous à la pratique de la sexualité dite « en conscience » ou *slow sex*[26]. Cette manière d'aborder la sexualité dans le couple invite à laisser la sexualité évoluer vers l'union méditative et aimante de deux énergies complémentaires pour se reconnecter au pouvoir guérisseur de la sexualité douce. La sexualité en conscience apporte une autre manière de voir sa sexualité, non plus recherche de l'orgasme ultime mais plutôt d'une satisfaction plus profonde, plus à l'écoute des sens. La respiration, le contact visuel et plus de sensualité sont au cœur du *slow sex*.

- Intéressez-vous aussi au tantrisme, au *kâma sutra*. Ces pratiques apportent une sexualité différente, plus à l'écoute des sens. Vous trouverez dans les livres spécialisés de nom-

26. Voir propositions d'ouvrages en bibliographie.

breuses positions (voir bibliographie). À vous d'essayer celles qui seront les plus douces pour vous, avec une pénétration plus superficielle si vous souffrez de dyspareunie profonde (douleurs ressenties pendant les rapports sexuels).

▶ Si vous souffrez de sécheresse vaginale, utilisez un lubrifiant à base d'eau, le plus doux et bio possible (BioGlide, Bio Sensitive de Nature Care Product, Divinextases...) et allongez la période des préliminaires pour faire monter le désir progressivement.

▶ Consultez un sexologue. Ce thérapeute pourra vous accompagner dans l'évolution de votre maladie. Il sera d'une grande aide car vous pourrez vous exprimer librement et en pleine confiance sur vos craintes, vos doutes, vos incertitudes... Vous pouvez même consulter avec votre partenaire afin qu'il prenne mieux conscience des répercussions de l'endométriose sur votre sexualité. Il n'est pas toujours facile pour votre partenaire de comprendre ou même pour vous d'exprimer réellement les répercussions de cette pathologie sur votre bien-être physique et mental.

CHAPITRE 6

CAS PRATIQUES

Je vous présente, dans ce chapitre, deux cas pratiques qui illustrent mes recommandations naturopathiques de manière très pragmatique.

Pour ces deux patientes, une hygiène globale a été mise en place selon les recommandations que nous avons vues dans les chapitres précédents mais il est bien entendu que ces recommandations étaient spécifiques à ses deux femmes en particulier en fonction de leur terrain, de leur constitution naturopathique et de leur parcours de santé.

Je vous recommande de vous rapprocher d'un professionnel de la santé compétent en matière d'alimentation, de phytothérapie et d'éviter « l'automédication » même en phytothérapie car les plantes sont très puissantes et sont contre-indiquées avec certains médicaments et ou pathologie.

PREMIÈRE PATIENTE

Cette patiente souffrant d'endométriose depuis plusieurs années a vu une nette amélioration de ses symptômes après le suivi du protocole suivant :

Alimentation

Les produits raffinés, transformés (farine et sucre blancs, plats préparés...) ont été supprimés afin de produire une énergie plus régulière.

Une alimentation anti-inflammatoire a été adoptée :

- suppression du lait de vache ;
- réduction importante des céréales à base de gluten ;
- consommation d'huile végétale riche en oméga-3 et oméga-6 (quatre cuillères à soupe par jour) ;
- consommation de poissons bleus des mers froides, moins intoxiqués aux métaux lourds et riches en EPA et DHA (sardines, maquereau, hareng...), deux à trois fois par semaine ;
- réduction de la consommation de viande rouge à une fois par semaine.

Consommation de légumes verts et crucifères.

Consommation de légumes colorés cuits à moins de 110 °C et de jus de légumes (300 ml par jour) afin de conserver toutes les vitamines, minéraux et oligoéléments.

Exercice physique

Pratique de 2 heures minimum de sport par semaine. Les sports avec mobilisation du petit bassin ont été privilégiés afin de relancer l'énergie et la circulation de cette zone.

La patiente a pratiqué de la danse orientale deux heures par semaine. Elle se sentait beaucoup mieux après chaque cours. Cela lui a redonné une meilleure mobilité de cette zone et elle a retrouvé une sensualité, une libido qu'elle avait perdue.

Relaxation et respiration

La patiente a mis en place des séances de respiration en utilisant la cohérence cardiaque : six respirations par minute, pendant 5 minutes, trois fois par jour, et ce quasiment tous les jours. Cela lui a permis d'abaisser son stress.

Elle a également utilisé cette technique lors des épisodes douloureux pour mieux les appréhender et moins les ressentir.

Hydrothérapie

Bouillotte sur le foie le soir au coucher.

Douche écossaise le matin. Cela lui a permis d'activer la circulation sanguine et lymphatique (et donc de rebooster les échanges cellulaires), de tonifier les tissus et de favoriser la détoxination de la sphère génitale.

Aromathologie

Deux huiles essentielles ont été utilisées : celles de basilic et d'estragon. En massage sur le bas-ventre, elles ont permis de réduire considérablement les douleurs provoquées par les spasmes. La patiente mettait deux gouttes de chacune de ces huiles dans une noisette d'huile de jojoba et se massait le bas-ventre dans le sens des aiguilles d'une montre dès que les douleurs se faisaient ressentir.

Compléments alimentaires

- **Chardon-marie + desmodium** (laboratoire La Royale), deux gélules trois fois par jour avant les repas pendant trois mois ;
- oligo-éléments (laboratoire Catalyons), **manganèse-cuivre** (trois bouchons par jour) en dehors des repas pendant un mois ;
- **huile de poissons sauvages, Omegarel (laboratoire Santarel),** à raison de trois capsules par jour (1 500 mg/jour) pendant le repas pendant six mois. Ne pas en prendre une semaine avant l'arrivée des règles et pendant celles-ci, reprendre après ;
- **vitamine D3 :** une goutte par jour pendant six mois pendant le repas (de l'automne à la fin de l'hiver) ;
- pendant la première phase du cycle : **teinture-mère cassis, framboisier, prêle, ronce, pensée sauvage** (aâ[27] 3 g) deux fois 40 gouttes de chaque par jour pendant six mois ;
- pendant la seconde phase du cycle : **teinture-mère grémil, alchémille, achillée, gattilier, hydrastis** (aâ 3 g) deux fois 80 gouttes de chaque par jour pendant six mois ;
- pendant les règles : **teinture-mère piscidia, gelsémium, pareira brava (aâ 3 g), hamamélis, consoude, primevère (aâ 10 g), framboisier** dilué à 10 % qsp 100 ml. 50 gouttes de chaque trois fois par jour pendant six mois.

27. Aâ : en quantités égales

SECONDE PATIENTE

Cette autre patiente souffrait d'une endométriose plus récente déclarée après deux grossesses dont une assistée médicalement.

Alimentation

Le même régime alimentaire a été mis en place pour cette patiente.

Les produits raffinés, transformés (farine et sucre blancs, plats préparés...) ont été supprimés afin de produire une énergie plus régulière.

Une alimentation anti-inflammatoire a été adoptée :

- suppression du lait de vache ;
- réduction importante des céréales à base de gluten ;
- consommation d'huile végétale riche en oméga-3 et oméga-6 (quatre cuillères à soupe par jour) ;
- consommation de poissons bleus des mers froides, moins intoxiqués aux métaux lourds et riches en EPA et DHA (sardines, maquereau, hareng...), deux à trois fois par semaine ;
- réduction de la consommation de viande rouge à une fois par semaine.

Consommation de légumes verts et crucifères.

Consommation de légumes colorés cuits à moins de 110 °C et de jus de légumes (300 ml par jour) afin de conserver toutes les vitamines, minéraux et oligoéléments.

La patiente prenait également cette tisane (trois tasses par jour) pour lui redonner de l'énergie : un mélange d'églantier *Rosa canina* (fruits broyés) et de cynorrhodon, 50 grammes de plantes en tout dans un litre d'eau, soit 5 %.

Exercice physique

Pratique de 2 heures minimum de sport par semaine. Les sports avec mobilisation du petit bassin ont été privilégiés afin de relancer l'énergie et la circulation de cette zone.

La patiente a choisi de faire de la danse contemporaine ainsi qu'une heure de qi gong par semaine.

Relaxation et respiration

La patiente a pratiqué la sophrologie deux fois par semaine le soir au coucher en utilisant des séances guidées qu'elle avait téléchargées sur son téléphone mobile.

Cela lui a permis de commencer par apprendre à mieux gérer la douleur et par la suite à abaisser son niveau de stress.

Hydrothérapie

Bouillotte sur le foie le soir au coucher.

Bains dérivatifs : la patiente a utilisé les poches Yokool qui permettent de faire très facilement les bains dérivatifs. Elle les a utilisées pendant 2 heures, quatre fois par semaine. Cela a eu une très bonne action sur les douleurs et a surtout permis de réduire l'aspect hémorragique des règles.

Aromathologie

Utilisation des huiles essentielles de basilic et d'estragon en massage sur le bas-ventre. La patiente mettait deux gouttes de chacune de ces huiles dans une noisette d'huile de jojoba.

L'endométriose étant souvent source de fatigue, la patiente se frictionnait le matin après la douche la région des glandes surrénales avec de l'huile essentielle d'épinette noire, une huile tonifiante et dynamisante.

Compléments alimentaires

- oligo-éléments (laboratoire Catalyons), **zinc et cuivre,** trois bouchons par jour pendant un mois ;
- complexe phyto-oligo, **Bien être menstruel** (laboratoire Herbolistique) : alchémille (400 mg), gattilier (188 mg), hamamélis (270 mg), chardon-marie (120 mg), zinc (2,8 mg), vitamine B6 (2,8 mg). Deux gélules le matin et le soir (à prendre dans la seconde phase du cycle) pendant un an ;
- **bourgeon de framboisier** (laboratoire Santarel), 15 gouttes par jour dans un grand verre d'eau le matin au réveil (dans la seconde phase du cycle) pendant un an ;
- **bourgeon de ginkgo biloba** (laboratoire Santarel), 15 gouttes en deux prises le matin au lever et le soir au coucher pendant les règles pendant six mois ;
- **Perméabilité zéolite (laboratoire Herbolistique)** : zéolite (840 mg), curcuma (540 mg), *Lactococcus lactis, bifidobacterium longum,* breve et bifidum 6 milliards, L-glutamine (300 mg), L-méthionine (6 mg). Deux gélules le matin, le midi et le soir une demi-heure avant les repas pendant un mois (trois cures par an) ;

- **chardon-marie** (laboratoire Herbolistique), deux gélules matin, midi et soir pendant trois mois, soit 1 800 mg par jour (deux cures par an) ;
- **oméga-3 sauvage (laboratoire Herbolistique) : huile de poissons sauvages** (anchois et sardines) 300 mg, vitamine E naturelle (3 mg), EPA (540 mg), DHA (360 mg). Deux capsules matin, midi et soir. Ne pas en prendre une semaine avant l'arrivée des règles et pendant celles-ci, reprendre après. Pendant six mois.

CHAPITRE 7

LES TECHNIQUES COMPLÉMENTAIRES AUX TRAITEMENTS DE L'ENDOMÉTRIOSE

L'ACUPUNCTURE

L'acupuncture peut vous permettre de mieux gérer votre stress et de calmer la douleur grâce à la libération d'endorphines.

Cette technique travaille aussi sur la relance de l'énergie et la libération des tensions.

Trois études réalisées sur 99 femmes âgées de 13 à 40 ans atteintes d'endométriose ont démontré son effet bénéfique, notamment sur la réduction des douleurs[28].

28. "Is acupuncture effective in the treatment of pain in endometriosis?" Iréne Lund et Thomas Lundeberg. *J Pain Res.* 2016; 9: 157-165. Publication électronique le 24 mars 2016. DOI: 10.2147/JPR.S55580.

LA KINÉSITHÉRAPIE

Deux méthodes kinésithérapiques très intéressantes peuvent vous être proposées pour l'endométriose :

- la méthode des chaînes musculaires GDS[29] travaille sur le repositionnement du bassin, sur les tensions musculaires du périnée, les hanches, le ventre et le dos ;
- la méthode Mézières[30]. Cette technique de rééducation posturale s'appuie sur des étirements associés à de la respiration.

Ces deux techniques vous feront beaucoup de bien pour soulager la douleur et relancer l'énergie de la zone du petit bassin.

L'OSTÉOPATHIE

L'intérêt de l'ostéopathie pour l'endométriose est de redonner de la mobilité aux tissus (fasciathérapie), de relancer la circulation sanguine et de lever les tensions musculaires ainsi que ligamentaires par le biais de manipulations douces et non invasives de la zone du petit bassin.

L'ostéopathe agit sur le système digestif, utérin, vaginal et les lombaires.

Une étude pilote portant sur 28 patientes âgées de 20 à 65 ans a été réalisée sur les bienfaits de l'ostéopathie sur

29. Pour trouver un praticien : http://www.methode-gds.com
30. Pour trouver un praticien : https://www.methode-mezieres.fr

l'endométriose. Parmi elles, 17 ont vu une amélioration de leurs symptômes, en particulier de la douleur[31].

LE DRAINAGE LYMPHATIQUE

Le drainage lymphatique permet de faciliter l'élimination des toxines par un massage à sec des membres, de manière à aider la lymphe à circuler correctement.

LES MASSAGES

Il est utile de se faire masser ou de se masser le ventre tous les jours d'une montre avec une huile bio et quelques gouttes d'huiles essentielles antispasmodiques et/ou relaxantes que nous avons vues précédemment.

Posez les mains l'une sur l'autre sous le nombril et tournez une quarantaine de fois du bas vers le haut en remontant jusqu'au plexus, dans le sens des aiguilles d'une montre, le sens de la digestion. Cette technique permet de détendre votre ventre pour faciliter la digestion, favoriser un bon transit et apaiser votre système nerveux en cas de stress.

Il est intéressant d'effectuer une petite respiration ventrale en même temps. Vous inspirez en faisant gonfler votre ventre tranquillement puis vous expirez en soufflant afin de vider tout l'air que vous avez dans vos poumons.

31. "Osteopathy for Endometriosis and Chronic Pelvic Pain – a Pilot Study". M. Sillem, I. Juhasz-Böss, I. Klausmeier, S. Mechsner, F. Siedentopf et E. Solomayer. *Geburtshilfe Frauenheilkd.* 2016 Sep; 76(9): 960-963.

LA SOPHROLOGIE

Cette technique a pour objectif d'apprendre à mieux gérer ses douleurs par la détente musculaire, la relaxation et la respiration. C'est une pratique qu'il conviendrait d'ancrer dans votre quotidien. Dix minutes par jour peuvent suffire si vous arrivez rapidement à lâcher prise.

LA MÉDITATION

La pratique régulière de la méditation est particulièrement efficace pour apprendre à gérer sa douleur. Cette pratique est donc particulièrement recommandée aux femmes souffrant d'endométriose.

La méditation est également très intéressante en cas de dépression découlant de cette maladie.

Plus vous pratiquerez ces techniques régulièrement, mieux vous apprendrez à connaître votre corps et, par conséquent, à le soutenir. Ces techniques peuvent réellement soulager vos douleurs et améliorer votre bien-être global.

Même si celles-ci peuvent vous paraître astreignantes au début, vous deviendrez vite addict et vous ne pourrez plus vous passer du bien-être qu'elles vous procureront. Alors, lancez-vous et choisissez celles qui vous conviennent le mieux !

CHAPITRE 8

PERSPECTIVES

Comme nous avons pu le voir, l'endométriose est une maladie qui reste encore mal diagnostiquée par la médecine. La recherche actuellement reste très clinique. On étudie beaucoup les traitements d'hormonothérapie, les techniques chirurgicales mais il faudrait plus de recherche fondamentale pour mieux comprendre les fondements de cette maladie.

Aujourd'hui, les seuls facteurs associés à l'endométriose sont :

- puberté précoce (avant 12 ans) ;
- cycles menstruels courts (quand les règles reviennent plus souvent, les femmes sont plus exposées) ;
- indice de masse corporelle faible (femme grande et mince : cycle plus important et pauvre en production d'hormones).

Il existe très peu d'études épidémiologiques, ce qui est regrettable car cela améliorerait la connaissance de cette pathologie et, par conséquent, réduirait la durée du diagnostic, qui est en moyenne de sept ans. Cela permettrait également de faire des campagnes de prévention.

Sur l'aspect génétique et épigénétique, de nombreuses études sont en cours. Un projet européen « Endodiag » a été lancé. Son objectif est l'étude des biomarqueurs précoces de l'endométriose. Il a été créé en 2011 par un chercheur en biologie, un gynécologue, un industriel et un entrepreneur. L'idée est de développer de nouveaux outils de diagnostic de cette pathologie mal connue afin de la dépister par une prise de sang. Ces études sur les biomarqueurs sont en cours à l'hôpital Cochin. Ils recherchent des micro-ARN régulateurs circulant dans le sang (profil de micro-ARN) qui permettraient de diagnostiquer la maladie dès les premières règles.

Les études réalisées montrent que des familles entières sont atteintes par l'endométriose : mère, fille, sœur, grand-mère... La médecine en conclut qu'il y aurait un déterminisme génétique important de l'endométriose. La difficulté est d'identifier ce variant génétique. Des prélèvements sanguins ou salivaires sont faits pour recueillir l'ADN, l'analyser et voir si on peut mettre en évidence ce variant génétique.

Une autre étude dans ce projet porte sur l'analyse d'un récepteur, le LHCGR. Ce récepteur agit au niveau des voies de la stéroïdogénèse qui devient défectueuse (les hormones stéroïdiennes sont des stéroïdes se comportant comme des hormones. On compte cinq catégories selon leurs récepteurs : les glucocorticoïdes, les minéralocorticoïdes, les androgènes, les œstrogènes et les progestatifs). Il est donc très impliqué dans la maladie, est exprimé de façon différentielle dans la maladie et surexprimé de manière plus ou moins intense chez les patientes atteintes. Les études montrent qu'il existerait un variant impliqué dans cette différence d'expression. L'objectif pour la médecine est de voir, lorsque des prélèvements sont faits sur des femmes malades, s'il existe différentes variantes entre différentes patientes et différentes formes de la maladie.

Ces prélèvements pourront également servir à une analyse plus fine qui permettra d'adapter les traitements hormonaux et de les rendre moins lourds pour les patientes souffrant d'une forme sévère d'endométriose.

L'engouement pour la recherche sur l'endométriose est récent. En plus du projet Endodiag, il y a cinq programmes hospitaliers de recherche clinique en cours en France actuellement : Lille, Rouen, Angers, la Réunion, l'APHP (Assistance Publique Hôpitaux de Paris). Les pouvoirs publics sont donc de plus en plus sensibilisés.

Il est temps également de prendre conscience que l'impact de cette pathologie est aussi économique. Le coût pour la collectivité (frais de santé et perte de productivité au travail) est énorme : 10,6 milliards d'euros par an pour la France. Il est donc urgent que les pouvoirs publics se mobilisent pour cette pathologie, avec des moyens à la hauteur des enjeux.

Les actions doivent passer par des mesures intégrées : information, recherche et accompagnement des patientes...

Je crois que la priorité doit être l'information des personnes en contact avec les adolescentes :

- établissements scolaires : infirmier/infirmière scolaire, directeur/directrice d'établissement ;
- enseignants ;
- parents ;
- médecins, professionnels de la santé.

C'est aussi à chacune d'entre nous de communiquer sur cette maladie autant que possible pour faire connaître ses symptômes, ses causes et ses conséquences afin que les femmes souffrantes ne restent pas dans le silence.

COMPRENDRE, S'INFORMER, ÊTRE ACCOMPAGNÉE, SOUTENUE

Les associations

Les associations œuvrent pour faire connaître la maladie et soutenir les femmes atteintes (publications, rencontres, groupes de parole, conférences, trucs et astuces...). Il en existe plusieurs. N'hésitez pas à les contacter, elles pourront vous être d'une grande aide :

- EndoFrance : www.endofrance.org ;
- EndoMind France et Ensemble contre l'endométriose : https://www.endomind.org/endometriose ;
- Madin'ENDOgirls (Martinique) : https://www.endomind.org

Les choses bougent également pour que le personnel de l'Éducation nationale et les élèves soient sensibilisés sur cette pathologie. Le 27 juin 2016, l'association Info-Endométriose a signé la première convention de partenariat avec le ministère de l'Éducation nationale, de l'Enseignement supérieur et de la Recherche, pour renforcer la première campagne nationale d'informations sur l'endométriose.

Les actions

De plus en plus d'actions sont organisées dans le but de faire connaître cette pathologie auprès du grand public. Ces actions ont été largement couvertes par les médias cette année et, tant mieux, c'est comme cela qu'on alertera les femmes sur le fait que souffrir de syndromes menstruels n'est pas normal.

Les semaines européennes de l'endométriose

En 2004, plusieurs associations européennes dont EndoFrance ont fondé **l'Alliance européenne pour l'endométriose.** Ensemble, elles organisent chaque année la semaine de prévention et d'information sur l'endométriose.

La marche mondiale contre l'endométriose

Initié aux États-Unis, cet événement a pour but de sensibiliser le grand public à l'endométriose.

Depuis 2013, la France, sous l'impulsion d'autres acteurs associatifs liés à l'endométriose, organise l'Endomarch.

Pour la première fois, EndoFrance a organisé le 24 mars 2018 la marche mondiale contre l'endométriose à Marseille, sous l'égide de la Worldwide Endomarch.

Les courses

Odyssea, Run Femina, La Bordelaise, La Parisienne, Le Grand Raid à la Réunion... EndoFrance a obtenu des organisateurs de ces courses que des femmes puissent courir aux couleurs d'EndoFrance pour sensibiliser le grand public sur l'endométriose, ce dernier manquant cruellement d'information sur cette pathologie.

Les célébrités aussi !

Nous pouvons voir également que de plus en plus de célébrités s'engagent pour cette cause : Julie Gayet, Imany, Laetitia Milot, Lena Dunham, Whoopi Goldberg...

Ces femmes sont d'une grande aide car leur célébrité permet une meilleure couverture médiatique sur cette pathologie. La plupart des journaux féminins et spécialisés parlent désormais de l'endométriose même si cette pathologie reste encore trop peu connue.

LEXIQUE

Je vous propose une définition de quelques termes que vous pourrez trouver dans ce livre, lors de vos examens médicaux ou de vos recherches sur l'endométriose.

Adénomyose : Endométriose définie comme interne et localisée au sein de la paroi musculaire de l'utérus.

Alcalin (ou basique) : Principe chimique opposé aux acides (une base neutralise un acide, un acide neutralise une base).

Aménorrhée : Absence de règles.

Côlon irritable : Troubles du transit, le plus souvent des diarrhées (selles plus fréquentes ou plus molles) pendant les règles. Résultat de l'inflammation qui accompagne une endométriose superficielle localisée à proximité du rectum et qui peut entraîner une maladie digestive fonctionnelle (syndrome du côlon irritable) ou inflammatoire (maladie de Crohn, rectocolite hémorragique).

Décoction : Concerne généralement les racines de plantes que l'on fait bouillir dans une casserole d'eau avec un couvercle pendant 5 à 10 minutes.

Diurétique : C'est une plante ou un principe actif qui augmente la quantité d'urine (diurèse).

Draineur : C'est une plante, un principe actif ou une technique manuelle qui favorise l'élimination des déchets, toxines, liquides ou autres dépôts.

Dyschésies : Douleurs ressenties pour éliminer les selles. Cela témoigne souvent de lésions situées au niveau de la cloison recto-vaginale touchant le rectum ou d'une inflammation superficielle localisée à proximité du rectum.

Dysménorrhée : Menstruation difficile et douloureuse (souvent signe clinique de l'endométriose).

Dyspareunies : Douleurs ressenties pendant et/ou après les rapports sexuels. Dans le cas de l'endométriose, ces douleurs témoignent de lésions situées près du vagin et/ou d'une inflammation du fond du vagin.

Dysuries : Difficultés ou troubles au moment de la miction (action d'uriner). Les douleurs peuvent témoigner de lésions situées sur la vessie.

Endomètre : Muqueuse qui tapisse la cavité utérine.

Hémostatique : Qui arrête les saignements.

Infusion : Boisson obtenue en versant de l'eau bouillante sur les feuilles et les fleurs des plantes séchées ou fraîches.

Laparoscopie (ou cœlioscopie) : Examen permettant de voir les organes à l'aide d'un instrument équipé d'un endoscope (instrument souple comprenant un tube optique, une lumière et une caméra) que l'on passe au niveau du nombril.

Métrorragie : Hémorragie utérine survenant en dehors de la période des règles.

Miction : Action d'uriner.

Œstrogène-like : Qui imite l'action des œstrogènes.

Oligo-éléments : Métaux en suspension dans un liquide. Ils sont en dilution faible et dynamisée. Ils agissent qualitativement comme catalyseurs dans les réactions de l'organisme.

Ovarite : Inflammation de l'ovaire.

Pollakiurie : Mictions fréquentes, souvent accompagnées de levées nocturnes. Dans le cas d'une endométriose profonde, la vessie peut être atteinte. Cela peut aussi juste être une irritation de la vessie due à une endométriose superficielle. Vous pourrez aussi entendre parler de « cystite interstitielle » ou de *bladder pain syndrome*.

Progesterone-like : Qui imite l'action des progestérones.

Salpingite : Inflammation aiguë ou chronique des trompes utérines.

Stomie : elle fait suite à une opération chirurgicale visant à traiter certaines maladies ou traumatismes, l'intestin, la vessie ou les voies urinaires n'assurant plus leur fonction. Une stomie désigne une petite ouverture au niveau du ventre en vue de permettre l'évacuation des selles et des gaz ou des urines.

Teintures-mères (TM) : Macération de plantes fraîches ou séchées dans de l'alcool à parties égales. Il existe plusieurs dilutions en fonction des plantes : une partie de plante pour cinq parties d'alcool, 1 pour 10, jusqu'à 1 pour 20.

BIBLIOGRAPHIE ET LIENS UTILES

ARTICLES SCIENTIFIQUES

A. Audebert, « Endométriose stade III et IV : implications physiopathologiques, cliniques et thérapeutiques », *Journal de gynécologie obstétrique et biologie de la reproduction*, vol. 32, n° 8, 2003, www.em-consulte.com/en/article/114872

B. Borghese, D. Vaiman, D. de Ziegler, C. Chapron, « Endométriose et génétique : les gènes sont-ils responsables de la maladie ? », *Journal de gynécologie obstétrique et biologie de la reproduction*, vol. 39, n° 3, 2010, www.em-consulte.com/en/article/250688

Étude sur les liens entre alimentation et endométriose (en anglais) : Halpern G., Schor E., Kopelman A., “Nutritional aspects related to endometriosis”, *Rev Assoc Med Bras* (1992). 2015 Nov-Dec; 61(6): 519-23, https://www.ncbi.nlm.nih.gov/pubmed/26841161

Étude sur les liens entre la consommation de provitamine A et l'endométriose (en anglais) : HR Harris, AC Eke, JE Chavarro et SA Missmer, “Fruit and vegetable consumption and risk of endometriosis”, *Human Reproduction*, 2018, https://academic.oup.com/humrep/article-abstract/33/4/715/4833874?redirectedFrom=fulltext

Inserm, « Endométriose – Une maladie gynécologique fréquente mais encore mal connue », www.inserm.fr/thematiques/biologie-cellulaire-developpement-et-evolution/dossiers-d-information/endometriose

Étude sur les oméga-3 et oméga-6 (en anglais) : Khanaki K. *et al.*, "Evaluation of the relationship between endometriosis and omega-3 and omega-6 polyunsaturated fatty acids", *Iran Biomed J.* 2012; 16(1): 38-43, https://www.ncbi.nlm.nih.gov/pubmed/22562031

Marziali M. *et al.*, "Gluten-free diet: a new strategy for management of painful endometriosis related symptoms?", *Minerva Chir.*, 2012, https://www.ncbi.nlm.nih.gov/pubmed/23334113

L. Remoue, R. Fauvet, « Endométriose génitale et extragénitale », Akos, www.em-consulte.com/en/article/66282#N10694

Serdar E. Bulun, "Endometriosis", *New England Journal of Medicine*, 2009, https://www.nejm.org/doi/full/10.1056/NEJMra0804690

Étude sur le stress oxydatif (en anglais) : Salvatore Giovanni Vitale *et al.*, "The Role of Oxidative Stress and Membrane Transport Systems during Endometriosis: A Fresh Look at a Busy Corner", *Oxid Med Cell Longev*, 2018, https://www.ncbi.nlm.nih.gov/pmc/articles/PMC5883985/

SITES INTERNET

Centre liégeois d'endométriose, « Quelles sont les étapes d'évolution de la maladie ? », https://www.endometrioseliege.be/fr/Quelles-sont-les-etapes-d-evolution-de-la-maladie/L-endometriose

https://www.endodiag.com

www.endofrance.org

EndoFrance, « Quels sont les principaux traitements de l'endométriose ? », https://www.endofrance.org/la-maladie-endometriose/traitements-endometriose/

EndoFrance, « Le diagnostic de l'endométriose », https://www.endofrance.org/la-maladie-endometriose/diagnostic-endometriose/

EndoFrance, « Comment diagnostiquer l'endométriose ? », https://www.endofrance.org/faq-items/comment-diagnostiquer-lendometriose/

Ensemble contre l'endométriose, « Les traitements naturels », www.ensemblecontrelendometriose.fr/pages/traitement/naturel.html

Le Figaro, « Endométriose : quel est le traitement ? », http://sante.lefigaro.fr/sante/maladie/endometriose/quel-est-traitement

Podcast France Culture, « Endométriose, une maladie méconnue », https://www.franceculture.fr/personne/marina-kvaskoff-0

www.info-endometriose.fr

Naturalexis, « Endométriose, symptômes et traitement naturel – 8 moyens de soulager l'endométriose », www.naturalexis.com/endometriose_symptomes_et_traitement_naturel_8_moyens_de_soulager_l_endometriose.html

www.oz2020.com

Passeport santé, « Endométriose », www.passeportsante.net/fr/Maux/Problemes/Fiche.aspx?doc=endometriose_pm

Passeport santé, « Traitements médicaux de l'endométriose », https://www.passeportsante.net/fr/Maux/Problemes/Fiche.aspx?doc=endometriose-pm-traitements-medicaux-de-l-endometriose

Passeport santé, « Zinc », www.passeportsante.net/fr/Solutions/PlantesSupplements/Fiche.aspx?doc=zinc_ps

Score AFSR, www.aly-abbara.com/echographie/biometrie/scores/score_afsr_endometriose.html

Santé des femmes, « Dossier endométriose », http://santedesfemmes.com/sante-globale/82-dossier-hormones/endometriose

LIVRES

Dominique Baudoux, *Guide pratique d'aromathérapie – la diffusion*, Éditions Amyris, 2013.

Lydia Bosson, *L'aromathérapie énergétique* : guérir avec l'âme des plantes, Éditions Amyris, 2011.

Danièle Festy, *Ma bible des huiles essentielles,* Éditions Leduc.s, 2008.

Guillaume Gérault, *Le guide de l'aromathérapie*, Éditions Albin Michel, 2009.

France Guillain, *La méthode*, Éditions du Rocher, 2015.

Marie Anne Mormina, *La maladie taboue*, Éditions Fayard, 2018.

Rina Nissim, *Manuel de gynécologie naturopathique à l'usage des femmes*, Éditions Mamamélis, 2001.

Fabien Piasco, *L'alimentation anti-endométriose*, Testez Éditions, 2019.

Claudia Rainville, *M*étamédecine : la guérison à votre portée, Éditions Guy Trédaniel, 2014.

Claudia Rainville, *La grande encyclopédie de la métamédecine*, Éditions Métharia, 2010.

Claudia Rainville, *Guérir en comprenant les messages de nos malaises et de nos maladies*, Éditions Quebecor, 2012.

André Van Lysebeth, *Au Cœur du Tantra, le culte de la féminité*, Éditions Flammarion, 2017.

Lama Darjeeling Rinpoché, *Le manuel du tantra pour le couple*, CreateSpace Independent Publishing Platform, 2014.

Dania et Michael Richardson, *Slow sex* : Faire l'amour en conscience, Éditions Almasta, 2013.

Dania et Michael Richardson, *Slow sex pour les hommes, Faire de l'amour une méditation,* Éditions Almasta, 2019.

Coline Jorand, *Le feu sacré de notre énergie sexuelle*, Éditions Guy Trédaniel, 2012.

LABORATOIRES MENTIONNÉS DANS CET OUVRAGE

Laboratoire Bionutrics : www.bionutrics.fr

Laboratoire Biophenix : www.biophenix.com

Laboratoire Catalyons : www.catalyons.com

Laboratoire Copmed : www.copmed.fr

Laboratoire Herbolistique : www.herbolistique.com

Laboratoire La Royale : www.la-royale.com

Laboratoire Nutriting : www.nutriting.com

Laboratoire Santarel : www.santarel.com

Laboratoire Super Smart : www.super-smart.eu

Laboratoire Vit'All+ : www.vitalplus.com

LE MIAM-Ô-FRUIT

POURQUOI

Le Miam-ô-fruit de France Guillain[32] est un repas complet que l'on peut prendre au petit déjeuner, au déjeuner ou au diner et qui présente deux avantages : il ne comporte ni céréales ni produits laitiers.

PRÉPARATION

Écrasez 1/2 banane mûre jusqu'à obtenir une purée parfaitement lisse.

Ajoutez deux cuillerées à soupe d'huile de colza bio vierge première pression à froid (ou une cuillère à café d'huile de lin + une cuillère à soupe d'huile de sésame crue non toastée. Émulsionnez avec la banane écrasée comme une mayonnaise (l'huile doit disparaître).

Ajoutez une cuillère à soupe de graines de lin broyées finement, puis une cuillère à soupe de graines de sésame broyées

32. *Le Miam-Ô-Fruit, le guide du Miammeur*, Éditions du Rocher, 2012.

finement et une cuillère à soupe d'un mélange de trois autres graines broyées : cajou, arachide, noix, noisette, tournesol, pépin de courge... au choix.

Ajoutez le jus d'un demi-citron fraîchement pressé, soit deux cuillères à café.

Sur ce mélange, disposez très joliment au moins trois sortes de fruits coupés en morceaux (sauf orange, pamplemousse, pastèque, melon et fruits séchés).

Mastiquez correctement en petites bouchées, c'est l'une des conditions nécessaires à :

- la fabrication des graisses fluides dites brunes, indispensables ;
- la réduction de l'état inflammatoire ;
- la régénération cellulaire et l'assimilation de ce que vous mangez.

Ce repas cru peut se consommer le matin, à midi ou le soir si vous travaillez de nuit.

REMERCIEMENTS

Je souhaite remercier tout d'abord Daniel Kieffer qui m'a convaincue, il y a déjà cinq ans maintenant, de préparer ma reconversion professionnelle au sein de son école, le CENATHO.

J'ai passé deux années absolument fantastiques, formée par des thérapeutes d'exception, à découvrir ce très beau métier de naturopathe que j'exerce maintenant et qui me conduit aujourd'hui à écrire ce livre sur l'endométriose.

Je remercie également :

- tous ceux qui comptent pour moi et m'accompagnent chaque jour ;
- tous ceux qui m'ont soutenue tout au long de mon parcours et particulièrement dans cette reconversion ;
- tous ceux qui m'entourent aujourd'hui ;
- et enfin tous ceux qui croient en ce beau métier que j'exerce !

TABLE DES MATIÈRES

Introduction 5

Chapitre 1

Qu'est-ce que l'endométriose ? 7

Mieux connaitre la maladie pour mieux la combattre 8

Les différents stades de la maladie 10

Les symptômes 12

Peut-on trouver un sens à cette maladie ? 15

Les facteurs de risque 16

Les facteurs génétiques 17

Les facteurs environnementaux 18

L'immunité 19

Le stress oxydatif 20

Les hormones 20

Les facteurs liés à l'âge 20

Les facteurs liés à la grossesse 21

La corpulence 21

La circulation sanguine 21

Le diagnostic 22

Les outils de diagnostic 23

Le cas particulier de l'adénomyose 25

Les facteurs de risque 26

Les symptômes 26
Adénomyose et infertilité 27
Le traitement allopathique 27

Chapitre 2

Le traitement allopathique **29**
Traitements à base de contraceptifs 30
DIU hormonal (type stérilet Miréna) 30
Pilule contraceptive 30
Progestatif : acétate de médroxyprogestérone 30
Autres traitements 31
GnRH + add back therapy (Lupron®, Zoladex®, Synarel®) 31
Danazol (Cyclomen®) 31
La chirurgie 32

Chapitre 3

L'APPROCHE NATUROPATHIQUE **33**
Préambule : dépolluer son organisme 34
Les principes de base de la détoxication alimentaire 35
Comment accompagner la détoxication avec les plantes 38
Détoxication environnementale de l'organisme 39
Le régime anticandida albicans 43
Adopter une alimentation adaptée à l'endométriose 44
Comment agir sur la douleur et l'inflammation ? 44
Quels aliments doit-on consommer ? 50
Mes recommandations pour composer des repas équilibrés 58
Le petit-déjeuner 58
Déjeuner 61
Goûter ou collation 62
Dîner 62

Mes jus plaisir et santé...63
Quelques recettes *65*
Lutter contre la constipation pour réduire l'inflammation................67
Compléments alimentaires 69
La vitamine D...*70*
Les oméga-3 (EPA-DHA)...*71*
L'acide gamma-linolénique *72*
La curcumine *73*
L'extrait de thé vert riche en EGCG...*75*
Le pycnogenol *76*
Le calcium D-glucarate *77*
Minéraux essentiels et oligo-éléments *78*
Phytologie et aromathologie..84
Soutenir la fonction hépatique et dépolluer l'organisme............. *85*
Freiner l'hyperfolliculinie et réguler la sécrétion d'œstrogènes. *86*
Calmer l'inflammation, la douleur et les crampes.........................*87*
Calmer le flux hémorragique *88*
Apaiser le stress *89*
Les complexes.. *90*
Les huiles essentielles... *91*
L'exercice physique 97
Pourquoi le sport est-il bénéfique pour l'endométriose ?............. *98*
Oui, mais quoi ? *98*
La gestion du stress 101
Les bains dérivatifs...103

Chapitre 4

LA FERTILITÉ 105
Une alimentation de qualité, hypotoxique et anti-inflammatoire .106
Détoxifier son corps...110

Mettre son corps en mouvement grâce à l'exercice physique 111
Savoir vous détendre lorsque vous vous sentez stressée 111
Créez ! *111*
Sophrologie *112*
Les plantes pouvant accompagner les problèmes de fertilité 112
Les élixirs floraux et huiles essentielles 115
Techniques complémentaires 116
Hydrologie *116*
Réflexologie plantaire *116*

Chapitre 5

LA SEXUALITÉ 117

Chapitre 6

CAS PRATIQUES 121

Chapitre 7

LES TECHNIQUES COMPLÉMENTAIRES AUX TRAITEMENTS DE L'ENDOMÉTRIOSE 129

L'acupuncture 129
La kinésithérapie 130
L'ostéopathie 130
Le drainage lymphatique 131
Les massages 131
La sophrologie 132
La méditation 132

Chapitre 8

PERSPECTIVES **133**

Comprendre, s'informer, être accompagnée, soutenue 136

Les associations *136*

Les actions *136*

Les célébrités aussi ! *138*

Lexique 139

Bibliographie et liens utiles 143

Le miam-ô-fruit 149

Aurélie Gaulard reçoit à son cabinet
(région parisienne) en consultation individuelle
pour un accompagnement naturopathique.

Elle intervient également en entreprises pour la réalisation
de conférences sur la santé au naturel, massages,
bar à jus de légumes et de fruits, ateliers de relaxation/respiration,
ateliers d'aromathologie...

06 99 23 13 78
naturodivinoe@orange.fr

Achevé d'imprimer en octobre 2019 par Sepec - France
Numéro d'impression : 11565190902 - Dépôt légal : octobre 2019

IMPRIM'VERT®

PEFC™ 10-31-1470 / Certifié PEFC / Ce produit est issu de forêts gérées durablement et de sources contrôlées. / pefc-france.org